# SIEGFRIED  78

# DU MÊME AUTEUR

*Romans et nouvelles :*

LETTRE DE BAVIÈRE, *Gallimard*, 1947.
LA TROISIÈME PERSONNE, *Gallimard*, 1948.
LA JEUNE FILLE ET LA MORT, *Gallimard*, 1950.
LA LUMIÈRE ET LE FOUET, *Gallimard*, 1951.
LES ADIEUX, *Gallimard, Prix Femina*, 1956, *et Livre de Poche*, 1971.
FLORA D'AMSTERDAM, *Seuil*, 1957.
LA VIE RÊVÉE, *Seuil*, 1962 *et Livre de Poche*, 1969.
LA PALMERAIE, *Seuil*, 1967, *et Livre de Poche*, 1974.
LA FANTAISIE DU VOYAGEUR, *Seuil*, 1976, *et Livre de Poche*, 1977.

*Théâtre :*

LA FORÊT NOIRE, *théâtre, suivi du* TROISIÈME CONCERTO, *télévision, Seuil*, 1968.

*Essais :*

SAINT-SIMON PAR LUI-MÊME, *Ed. du Seuil, Grand Prix de la Critique* 1953.
SUÈDE, *Seuil, Collection « Petite Planète ».*
LES SECRETS DU ZODIAQUE, *Julliard*, 1971.
AU THÉÂTRE CERTAINS SOIRS, *Ed. du Seuil*, 1972.

*Ouvrages pour enfants :*

JOACHIM QUELQUE CHOSE, *illustrations de Monica, Hatier*, 1958.
ALEXIS DANS LA FORÊT-FOLY, *illustrations de Monica, Casterman*, 1970.

*Editions :*

PAPIERS EN MARGE DES MÉMOIRES DE SAINT-SIMON, *Club Français du Livre*, 1954.
MADEMOISELLE IRNOIS, *suivi* d'ADÉLAÏDE, *de Gobineau, en collaboration avec A. B. Duff, Gallimard*, 1961.

FRANÇOIS-RÉGIS  BASTIDE

# SIEGFRIED

## 78

BERNARD  GRASSET

PARIS

# PRÉFACE

Je vois bien qu'il y a dans cet ouvrage tout mon bazar habituel, que je traîne derrière moi comme des valises trop légères. De la musique et de l'Allemagne, de la guerre, de l'astrologie et un peu de liberté. Arrêtez-moi, comme on dit, si je vous ai déjà raconté cette histoire. On ne vous arrête jamais. On veut voir si c'est bien la même ; et c'est toujours un peu autre chose...

A dix-sept ans j'ai découvert, ébloui, le romantisme allemand et j'ai mis, sans voir le rapport, mes pas dans ceux de Giraudoux. L'auteur de *Siegfried et le Limousin* prétendait avoir écrit le trente-huitième *Amphitryon*. Voici un *Siegfried* pour 78. C'est le cadeau de l'Allemagne défunte, pas si défunte, à celle d'aujourd'hui, qui manie les avions et les bombes comme des jouets fous. Des romantiques aux terroristes, il y a le même effort à faire pour déchiffrer, inlassablement. La magie métaphysique, l'horreur nazie, les attentats furieux, on ne s'en tire pas en se voilant la face. La raison sera toujours bafouée par la fièvre allemande, et quand la raison est française, même déesse, elle pèse moins que rien. L'Allemagne est sans doute de l'Occident, mais elle continue son errance à travers les clartés du ciel, elle tâtonne, les paumes ouvertes, aucun excès ne l'arrête, il n'y a de recherche qu'excessive, l'inaccessible en déséquilibre est le seul mouvement qui vaille la peine.

Novalis dit : « La croyance à la réalité des éléments est la plus dangereuse des chimères. » Cette phrase, que les écoliers français jugeraient peu recommandable, me gouverne depuis toujours. J'ai eu beau entrer en Allemagne bien assis dans une automitrailleuse, je n'ai jamais cru que la guerre tuait, même sous les yeux ouverts des morts, ni que les morts mouraient, que les camps libérés nous livraient des vivants, ni que les villes brûlaient, que la paix se signait. Je ne croirai jamais, cela va de soi, que les terroristes se suicident. A Berchtesgaden, nous nous jetions sur les meubles, les bibelots, les bouteilles, nous répétions joyeusement *souvenir, souvenir* avec l'accent allemand. Je suis redescendu les mains vides. Il m'avait semblé entrevoir un officier allemand, immense, muet, un doigt sur les lèvres, souriant, qui tentait de me faire savoir que j'avais raison de regarder ailleurs.

J'ai mis longtemps à le retrouver et à le nommer, ici, Pierre-Siegfried von Forestier. Le Forestier de Giraudoux vivait, incertain, son amnésie. Le mien revit sa mémoire, qui est restée bloquée à ce 20 juillet 1944 où Hitler aurait pu mourir. Aurait *dû* ? Mon officier croit qu'à quelques mouvements près, dans le ciel, des planètes, Hitler était mort ce jour-là. Il n'en démord pas. Or il s'est trompé. Puis, à force de démêler l'écheveau, de mêler sa mémoire et ses amours, d'appliquer ses calculs, ses mancies, ses hypnoses à l'univers qu'il s'est fabriqué, et qui est fatalement dérisoire, il s'y perd. Pour Maria, il se trompe encore. *Donc,* il s'était bien trompé. Mais il va sûrement recommencer. *Donc,* en allemand, n'étant jamais un point final. Je n'ai rien trouvé de plus amer que de le laisser empêtré dans les câbles de la télévision, qui est cette machine actuelle à nous faire croire que nous touchons « la réalité des éléments », machine qui, plus elle parle, en fait, détourne. J'espère que vous le savez.

Siegfried est le soliste d'un concerto nocturne, qui ne finit pas. Le théâtre, qui veut voir clair, sous ses herses, de l'autre côté de la rampe, et conclure, est-il l'endroit fait pour la nuit, l'envers que j'ai cherché ? Je m'imagine que oui ; mais je ne demande qu'à me tromper. L'erreur est grandiose. Si on me dit que cette pièce est « injouable », si on me le démontre avec les mots les plus justes, les plus irréfutables, l'auteur sera déçu, qui avait fait de son mieux pour tendre des voix aux comédiens, qui avait prévu le silence ici, là les cris, et qui entendait déjà ce délicieux murmure de la salle captive, où pas un pied ne bouge, où la toux est contenue, où le spectacle fait oublier le jour écoulé. L'auteur sera déçu mais le chercheur comblé, le piétineur, le ressasseur, le nocturneur, l'incapable triomphant, et il repartira songer. L'hypnose apprend à se distraire aisément et à se féliciter chaque fois que, du bout du pied, on évite la trappe ouverte.

On ne peut rien écrire si on ne se met dans l'état des femmes qui ont écrit aux poètes. J'ai plus appris de Diotima et de Louise à Hölderlin, de Sophie à Novalis, que de Hölderlin, de Novalis. Elles disent toutes : bonne nuit, mon maître, merci, mon maître, et apparemment soumises, comme Maria, elles jettent les « maîtres » vers de nouvelles angoisses. Elles seules savent qu'il n'y a pas d'enseignement. Je suis tel, devant mon Siegfried, en qui j'ai vu la bonté suprême, le meilleur homme sur la terre. Je serais heureux si, lui ayant écrit ces pages, il voulait bien vous les conter comme une ombre.

*Novembre 1977.*

« Vos cheveux, même, sont tous
comptés. »

(Matthieu, 10, 30.)


« ... Ce goût d'existences uniques et
légendaires plaqué sur un sol bour-
geois et poétique, a désigné l'Allemagne pour prendre, après mille ans,
sur le Rhin et la Sprée, l'héritage
des empires orientaux. »

(Jean Giraudoux,
*Siegfried et le Limousin,* 1922.)

# PERSONNAGES

PIERRE-SIEGFRIED, comte VON FORESTIER,
  55 ans.
MARIA VALENCE, comédienne, 30 ans.
FRED HOUSSIAUX, chef d'orchestre, 40 ans.

JEANNE, doublure-lumière, 30 ans.
MICHÈLE, script-girl, 22 ans.

BERNARD, réalisateur TV, 50 ans.
FRANK, animateur, 35 ans.
CLAUDE, assistant, 25 ans.

*Equipe technique minimum :*
Deux cameramen.
Trois machinistes.
Un perchman.

*Inserts filmés :*
ANTOINETTE.
HÉLÈNE.
GUGUSSE.
JOURNALISTE.
SPEAKERINE.

# ACTE I

*Le 19 juillet 1974.*

*La villa de Pierre, à la fin du jour. Son atelier, son studio, sa pergola, son jardin. On ne sait où commence la « nature » (arbres, massifs de lauriers-roses, fontaines) et où commence la maison (palmiers en pots, bouquets sauvages, bassin avec jet d'eau). La « nature » et la maison se répondent.*

*L'ensemble évoque sans doute possible, mais sans trop de précision, la Méditerranée ; Sicile, Var ou Baléares. Les murs sont ocre éteint. Les couleurs vives. Il a fait très chaud. Haut-Var, peut-être. Ou sud de la Corse.*

*A droite, une table mise, nappe à petits carreaux d'un bleu pâle et blanc. Le thé, les thermos, les galettes, la crème.*

*Au centre, un immense canapé, genre Chesterfield, marine ou cuir de Russie, éprouvé par des générations de conversation. Autour, sièges bas, poufs, tapis de mouton blanc.*

*A gauche, la bibliothèque, coin plus sombre, haute érudition goethéenne. In-folio rouges, couverts de poussière. Au cœur des livres, une petite porte entrouverte, laissant filtrer une lumière blanche.*

*Entre cette lumière et le canapé, une table de terre jaune, inclinée vers les spectateurs. C'est une sorte de châssis, plein de sable lissé souvent, où l'on aura déjà dessiné quelques traits, à l'aide d'un bambou qui est resté là. On verra que cela sert à des géomancies.*

*La lumière générale est montée lentement, et l'on aperçoit alors des projecteurs, des spots, des filtres, des caches, etc.*

*Des machinistes les branchent un à un. Ces machinistes marchent lourdement sur leurs sandales. Ils s'empêtrent dans les câbles, ils murmurent, grommellent.*

*L'un d'eux, soudain, déplace un paravent fleuri, et l'on voit un grand récepteur TV qui donne, muet, les informations qu'on aura pu voir, le soir même, chez soi, et qui recommencent. Il suffit d'un chef d'Etat à la mode, d'un peu de guerre et d'une arrivée de course de chevaux.*

*Le technicien du son vient près du récepteur, tourne le bouton : on entend la voix du journaliste, très fort ; puis le technicien coupe le son. On peut avoir eu*

*ainsi une bouffée d'un cataclysme
quelconque.*

*Le réalisateur entre, suivi d'un
assistant et de la script. Tout ce
monde en blue-jeans, à la fois
décontracté et tendu. Dans la rou-
tine ; et prêt au démarrage.*


BERNARD, *le réalisateur.*

Bon ! Mes enfants, c'est pas tout ça. Maria
se met là, ce soir.

*Il indique un coin du canapé.*

CLAUDE, *l'assistant.*

Pas plus à droite ?

BERNARD

Non, non !... Jeanne ! Jeanne !... Doublure-
lumière ?

*Jeanne entre, vêtue d'une longue
robe blanche, et va s'asseoir à la
place indiquée.*

Caméra !

> *Les machinistes viennent de finir de poser les rails, sur lesquels une caméra entre lentement, suivie du cameraman.*

CAMERAMAN

En face ?

BERNARD

Oui. Mais on attaque avec la deux, en plan général.

> *Claude dispose soigneusement, devant la place de Maria, une petite table couverte de gros livres et de papiers.*

MICHÈLE, *script-girl.*

Sept minutes. Dépêchons !

CLAUDE

Six ? Moi, j'ai vingt-quatre.

CAMERAMAN

Oh ! ça va ! Hier, on a démarré à trente-cinq.

BERNARD

Maria est prête ?

CLAUDE

Oui. A peu près. Jeanne ?

JEANNE

Oh ! Je ne sais pas ce qu'elle a... Elle a dû
pleurer toute la journée.

BERNARD

C'est vrai ? Hier, elle était bien... Bon, j'y vais.

*Il sort vers la pergola.*

CLAUDE

Cinq minutes !

> *Travail de l'équipe. Essais de tra-
> vellings avant et arrière de la ca-
> méra Un. Le perchman vient pla-
> cer le micro devant le canapé.
> Puis il monte le son du récepteur
> et l'on voit et l'on entend le jour-
> naliste annoncer :*

JOURNALISTE, *à l'écran.*

Enfin, au début de l'après-midi, on apprenait, et, sur cette mauvaise nouvelle nous terminerons notre journal, que la catastrophe aérienne de Bogota, que vous connaissez depuis ce matin, a fait, en réalité, 546 victimes... Je vous remercie de votre attention. Bonsoir.

SPEAKERINE, *à l'écran.*

Merci. Dans un instant, la suite de notre programme avec, comme chaque soir, à la même heure, le rendez-vous que vous attendez tous : THE QUEEN !

> *A l'écran, quelques spots publicitaires, lessive, friteuse, déodorant. Le son est très fort, presque assourdissant. (Si le producteur de la présente pièce de théâtre a envie d'amortir dès maintenant les dépenses engagées, il peut fort bien diffuser ici de véritables publicités. L'auteur ne s'y oppose pas.)*
> *Bernard est revenu à pas lents.*

*Il coiffe un casque à écouteurs,
de même que le cameraman.
Toute l'équipe se tient figée.
Une voix* off *annonce : « Silence,
partout ! Trente secondes ! » Silence. Klaxon. Son coupé, à
l'écran. Silence.*

*Maria, venant de la pergola, pa-
raît. Elle est mince, blonde, vêtue
d'une longue robe blanche très
simple, pareille à celle que portait Jeanne, tout à l'heure.*

*Elle s'assied à sa place sur le
canapé. Claude lui indique cette
place, exactement. Maria regarde
l'équipe, comme absente. On voit
ses lèvres bouger. On n'entend
rien.*

*A l'écran, fin de la publicité.
L'animateur arrive à grands pas.*

ANIMATEUR, *Frank, habillé
de façon voyante. Sourire mécanique.*

Bonsoir Mesdames, bonsoir Mesdemoiselles...
Qu'est-ce qu'il y a ?

> *Silence. L'écran est blanc. Klaxon.*
> *On voit Frank à l'écran, et il*
> *recommence aussitôt :*

FRANK

Bonsoir Mesdames, bonsoir Mesdemoiselles, bonsoir Messieurs. Excusez-nous pour notre petit retard. *The Queen* est, une fois de plus, fidèle à notre rendez-vous, je vous répète qu'il est inutile de continuer à nous appeler. Depuis dix-neuf heures trente, nous avons reçu 113 452 appels. Ce n'est pas notre record, établi, vous vous en souvenez, le 31 décembre dernier, mais c'est tout de même un très joli chiffre. Trois seulement de ces candidats ou candidates ont été retenus par notre ordinateur XBRVPLUS, qui va maintenant nous livrer le premier de ces noms... Attention ! A vous Paris ! XBRVPLUS...

> *A l'écran, gros plan sur l'ordina-*
> *teur, qui crache une fiche.*

> *Gros plan sur la fiche. On peut*
> *lire le numéro national du can-*
> *didat, puis son nom :* ANTOINET-

TE LAMESIERE 41 RUE VICTOR
HUGO 92270 BOIS-COLOMBES.
*On revient aussitôt sur Frank.*


FRANK

Bien. Bonsoir Antoinette Lamesière. Vous
allez donc avoir la chance de vous entretenir
pendant quelques minutes avec *The Queen*,
et de lui poser une question précise... Attention ! Télévidéo Lamesière ! Attention ? Je
n'ai rien... Qu'est-ce qui se passe ?

> *Geste de Bernard, qui écoute, au
> casque.*

Oui : à vous, Antoinette !

> *A l'écran, visage d'une femme
> entre deux âges, assez grosse, rou-
> gissante, balbutiant :*


ANTOINETTE

Oh ! Je suis si étonnée... Je ne pensais pas
avoir la chance, ce soir...

FRANK

Antoinette, est-ce que vous avez essayé souvent de nous appeler ?

ANTOINETTE

Oh !... Eh bien, Frank, j'ai commencé il y a au moins un an, tous les soirs, enfin pas tous les soirs, je veux dire tous les lundis, parce que le lundi est mon jour, je suis très influencée par la Lune, et alors je suis, ce soir, tellement bouleversée...

FRANK

Remettez-vous, ma chère Antoinette, et donnez-nous les indications sur lesquelles *The Queen* va immédiatement travailler.

ANTOINETTE

Eh bien, je suis Poissons, je suis née le 17 mars 1919 à quatre heures du matin à Clermont-Ferrand, enfin tout à côté, ça ne change rien, je crois...

> *Maria est en gros plan à l'écran.*
> *Maria note, ouvre, ferme des li-*
> *vres, et continue son travail en*

*parlant, avec une extrême diffi-
culté, mais d'une voix suave,
genre quaker.*

## MARIA

Bonsoir, Antoinette Lamesière. Je suis heureuse de vous connaître et je vais essayer de
vous aider. Malgré tous nos efforts dans la
vie, nous n'arrivons pas toujours au meilleur
résultat, n'est-ce pas ?

## VOIX D'ANTOINETTE

Eh non... Bonsoir Madame... Euh !... *Queen,*
bonsoir *Queen* !

## MARIA

Je vous retrouve tout de suite. Je veux dire :
je vais faire mon petit travail.

> *Elle compulse toujours ses livres
> et note, au fur et à mesure.*

Je suppose que vous voulez savoir quelque
chose à propos d'un enfant, de votre enfant,
de votre fils, n'est-ce pas ? Antoinette, il s'agit
d'un garçon déjà grand, n'est-ce pas ? Votre
fils unique ? Oui ?...

Voix d'Antoinette

Oui, oui ! Mais comment avez-vous deviné si vite ? Dites-moi...

Maria

Je le vois... Pauvre chéri... Antoinette, quel âge a-t-il ?

Antoinette, *à l'écran.*

Il vient d'avoir quarante ans, mais c'est vrai qu'il est comme si... Il est beau...

Maria

Il est en effet d'une beauté étrange, dangereuse, je veux dire : qui fait courir des dangers. Il aime ça, lui... Attendez... Saturne à deux degrés... Il est très exposé, et je comprends votre inquiétude...

Frank, *à l'écran.*

Chère Antoinette, vous allez laisser *The Queen* à ses calculs si compliqués. Prenez patience. Détendez-vous. Préparez votre question précise. Nous vous retrouvons toutes les deux dans un instant.

*Pub. Spaghetti. Purée instanta-
née.*
*L'ingénieur du son vient couper
le son. Silence sur le plateau.*
*Maria met sa tête dans ses mains,
puis écrit, puis regarde au loin et
dit enfin, comme pour elle-
même :*

### MARIA

Pauvre femme : son fils tournant autour d'elle
comme une branche de lierre, cherchant à
attraper le plus de maman possible. Prendre
maman, manger maman, l'avaler, mourir en
tuant maman. *Y avait une fois un âne blanc...
chargé de lavandes...* Mon Dieu, que les gens
sont bêtes de m'appeler ! Il faudrait leur
chanter des chansons, et rien de plus...

### BERNARD

Maria, attention !

*Fin de la pub.*
*Tout de suite, criant depuis long-
temps, sans doute, hors circuit :*

Voix d'Antoinette

Alors, *Queen*, dites-moi tout !

Maria

Votre fils. Alors, quoi, exactement ?

Antoinette, *à l'écran.*

Je ne sais plus. Est-ce qu'il y a un espoir quelconque ?...

Maria

Comment s'appelle-t-il ?

Antoinette

Didi. 3 mai 1934 à Casablanca.

Maria

Oui, je vois. Immense, n'est-ce pas ? Des bras, surtout, très forts et très longs.

Antoinette

On dirait que vous le connaissez !

Maria

Il faut que votre fils puisse croire à quelque chose. Tenez, le mois prochain, dès le 14, non

le 12, oui : le 12, c'est excellent ! Une jeune
fille dure, sèche, qui le mènera à la baguette,
qui le fera souffrir, peut-être, mais la souf-
france le réveillera. J'aimerais le voir valser,
ce beau garçon, le 12 au soir... Il y a un petit
bal, près de chez vous... Vous devriez l'habiller en tzigane, par exemple...

### ANTOINETTE

En tzigane ?

### FRANK

Attention, cela va être terminé pour madame
Lamesière. Un autre correspondant nous attend.

### MARIA

Je sais, je sais. Antoinette, vous voyez cette
jeune fille dans votre entourage, n'est-ce pas ?
Une montagnarde, pleine de santé, les jambes
rondes ?

### ANTOINETTE

Je ne vois pas du tout.

### MARIA

Cela ne fait rien. Elle arrive.

ANTOINETTE

Mais comment voulez-vous qu'une jeune fille
s'intéresse à ce pauvre garçon ?

MARIA

Madame, je ne veux pas. Je ne veux rien. C'est
vous qui voulez vous opposer à votre fils. Il a
une âme fraîche de donneur de sérénades.

ANTOINETTE

Mais il va me faire des bêtises !

MARIA

Il vivra. Et vous aussi, du même coup.

ANTOINETTE

Je ne vous crois pas. Vous m'avez beaucoup
déçue... Donnez-moi une preuve, un signe,
un... comment dites-vous ? Comme vous faites
quelquefois ? « *L'exceptionnel* »...

MARIA

Je vous écoute, Antoinette.

ANTOINETTE

Dites-moi à quel âge cela a commencé pour

Didi, et dans quelles circonstances, et je vous
obéirai.

MARIA

Oui, je comprends... Je suis si fatiguée ce soir...
J'ai peur de vous décevoir réellement...

> *Elle a mis sa tête dans ses mains.*
> *Elle regarde ses papiers et ses*
> *livres. Silence. Puis :*

Antoinette, qu'est-ce que cela peut vous
faire ?... Vous me traitez comme une carto-
mancienne de foire !

> *Un homme grand, d'une cin-*
> *quantaine d'années, cheveux gris,*
> *vêtu de bleu et de noir, botté de*
> *cuir fauve, est sorti de la biblio-*
> *thèque.*
> *Il s'approche lentement de la ta-*
> *ble de terre, prend le bambou et*
> *dessine quelques signes. Il ne se*
> *met jamais dans le champ des ca-*
> *méras. Seuls les spectateurs du*
> *théâtre voient ces signes et enten-*
> *dent ces chuchotements difficiles.*

**PIERRE**

Maria, tu le savais. Cet enfant s'est brisé les genoux à l'âge de quatre ans. Sa tête a heurté un mur. Il n'a pas quitté cet âge. Il ne vivra pas. Tu le savais. Il fallait le dire.

*Pierre disparaît.*

MARIA, *très vite et joyeusement.*

Antoinette : Didi est tombé d'un mur. Il avait quatre ans. Il s'est fait très mal. Il s'est égratigné les mains, en tombant sur des buissons de roses... Il vivra ! Antoinette, il vivra !... Sur des roses...

FRANK, *tonitruant.*

Voilà ! Nous allons passer à notre deuxième candidat ! Attention !

ANTOINETTE, *son image disparaît
de l'écran, et la voix sera shuntée.*

Mais oui, mais oui ! Des roses de Noël ! Merci, *Queen* ! Merci, je ferai ce que tu m'as dit ! Une montagnarde, une femme dure, des jambes rondes !... Merci !

> *Flash pub à l'écran. Son coupé,*
> *puis, après un silence :*

MARIA, *très doucement, la tête*
*renversée en arrière.*

Pierre, tu es là ?

> FRANK, *à l'écran.*

Notre deuxième élue de ce soir est...

> *Gros plan sur l'ordinateur, qui*
> *crache sa fiche, et gros plan sur*
> *la fiche.*

Madame... Mademoiselle... Ah ! On demande l'anonymat. Parfait. Hélène, de Paris. Je pense qu'on peut dire Paris... Mais non, il s'agit de Tours. Même nombre de lettres que Paris ! 1.2.3.4.5. Donc, la belle Hélène, de Tours. A vous, vous me recevez sûrement, non ?... Un instant... Dépêchez-vous, nous sommes en retard ! Eh bien, Hélène, êtes-vous contente d'avoir été choisie, ce soir, par XBRVPLUS ? Mais qu'est-ce qui se passe ?... Ah ! Voici !

> HÉLÈNE, *à l'écran. C'est une*
> *assez belle fille, blonde, les yeux*
> *bandés de noir.*

Bonjour !

> *Bousculade autour d'elle. On en-*
> *trevoit des jeunes gens probable-*
> *ment éméchés, on entend du jazz,*
> *mais le cadrage ne montre qu'Hé-*
> *lène.*

Moi, je ne voulais pas appeler. C'est mon ami qui a fait le travail. C'est lui. Ce n'est pas moi...

### FRANK

Parfait. C'est votre ami qui a fait le travail. Alors, Hélène, votre date et votre lieu de naissance ?

### HÉLÈNE

Le 6 avril 1952, ici, juste après minuit... Enfin, on m'a toujours dit que les douze coups de minuit...

### FRANK

Très bien. *Queen*, vous avez noté ?

> *Maria fait signe que oui. Elle est*
> *déjà plongée dans ses calculs.*

HÉLÈNE

Je voulais vous dire aussi, parce que j'y pense
depuis longtemps : nous avions un professeur
qui nous parlait souvent de la nuit étoilée et
de quelque chose d'autre...

FRANK

Oui... Alors ?

HÉLÈNE

Alors, rien... Je pense toujours à ça, quand je
pense à *Queen.*

FRANK

Mais c'est très gentil! Je suis sûr que cela va
faire beaucoup de plaisir à *Queen... Queen ?*

MARIA

Oui. Je suis prête. Quelle est la question d'Hélène ? Je pense que cela va être une question
difficile...

HÉLÈNE

Je ne m'y attendais pas... Je n'ai pas préparé
de question précise... On était en train de

s'amuser. Ils se sont arrêtés de danser. Et moi, je suis triste. *(Haletant)* Mon ami a construit une maison pour moi, et je vais avoir un enfant de lui... Mais enfin, vous allez arrêter cette musique ?

*Le jazz s'arrête.*

## MARIA

L'enfant que vous attendez... Cet ami est puissant, quelque chose comme un marchand de tissus très rares, de soie, peut-être, je vois bien que c'est un homme d'orgueil.

## HÉLÈNE

Oui ! Tout à fait ! Je n'ai jamais osé le lui dire mais il t'écoute, ô *Queen,* parle-lui !

## MARIA

Tu lui parles par ma bouche. Tu lui dis que la soie, par exemple... Il s'agit bien de soie, n'est-ce pas ?

## HÉLÈNE

Oui, oui ! Il est importateur de soie ! Qu'est-ce que je lui dis ?

### MARIA

Tu lui dis que rien de grand ne s'accomplit sans la rêverie des femmes les plus subtiles. Pour la soie, tu lui dis qu'autrefois, il y a bien longtemps, en Chine, les hommes pareils à ton ami prenaient les vers à soie, au printemps, et les disposaient au creux des aisselles des femmes étendues. Ensuite, les hommes arrosaient les vers à soie de quelques gouttes d'alcool de riz et d'eau tiède. Alors, les femmes étendues serraient leurs bras contre leur corps et le mystère, lentement, s'accomplissait... Bien sûr, ceci fait rire ton ami, à cause de l'époque où nous vivons.

### FRANK

Mais notre époque est merveilleuse, voyons, c'est la gaieté, la gaieté !

> *Début d'un flash à l'écran. Le son coupé.*
> *Pierre, après un silence, sort de sa cachette et marche pesamment vers Frank.*

PIERRE, *dents serrées, voix douce, mais au prix d'un effort.*

Frank, il y a longtemps que je voulais vous le dire : vous êtes un misérable.

FRANK, *goguenard*.

Très bien.

PIERRE

Qu'est-ce que c'est que votre gaieté ? Des jeunes gens qui forniquent en contemplant un feu d'artifice coûteux, qu'ils n'ont pas payé. Cher Monsieur, imaginez un bienheureux, un grand saint vivant dans la jubilation, un homme béni, donc, vivant à cent millions de kilomètres au-dessus de votre petit folklore. Si cet homme apprend qu'un de ses voisins, malade, souhaite qu'on lui porte à boire, l'homme dont je vous parle sortira de sa jubilation et ira servir ce malade. Et sa jubilation en sera augmentée.

FRANK

Oui, et alors ? Qu'est-ce que vous voulez dire ?... Je sais bien que nous sommes ici chez vous mais quand même...

PIERRE, *colère.*

J'ai voulu vous dire : voilà la sorte de gaieté qu'on attend de Maria. Non pas qu'elle encourage vos correspondants à se satisfaire de petits plaisirs mais qu'elle aille vers les malades, et se rende malade de leurs maladies !

CLAUDE

Attention !

> *Il veut dire que c'est la fin de la pub. Pierre disparaît.*

FRANK

A toi, Maria.

MARIA, *à l'écran.*

Hélène, nous n'avons plus le temps. Pardonnez-moi. Votre question était sans doute la suivante : vous aimeriez aimer, n'est-ce pas ?

HÉLÈNE

Oui, oui !

MARIA

La force de l'amour, son lieu, ses mouvements,

la mémoire de l'amour, tout est de la volonté. On aime qui on veut. Celui qui veut le plus a le plus d'amour. Mais personne ne le sait, hormis Dieu, et ceux qui aiment Dieu. L'amour, le vrai, fait peur.

HÉLÈNE

*Queen*, est-ce que vous avez peur de l'homme que vous aimez ?

MARIA

Oui, sans doute... Je ne sais pas...

FRANK

Terminé ! Nous vous disons bonsoir, Mademoiselle ! Le dernier correspondant de la soirée nous attend...

VOIX D'HÉLÈNE

Adieu, *Queen* !

FRANK

Est-ce que la régie peut me dire si...

RÉGIE, *voix réverbérée.*

Cinquante-cinq secondes.

*Flash pub à l'écran, aussitôt coupé. Pierre s'est approché de Maria, renversée en arrière sur son canapé. Il essaie de caresser son front. Elle se détourne. Il se penche vers Maria.*

PIERRE, *chuchotant.*

Maria, ma chérie, tu as tort de te tourmenter. Tu fais très bien ce que tu as à faire.

MARIA, *se débattant, comme en rêve.*

Non ! Je n'en peux plus ! Pierre, écoute-moi. Pierre, tu sais comment je trouve la force de jouer cette comédie, tous les soirs ? Parce que tous les soirs je pense au moment où je serai libre, libre !

FRANK, *s'approchant.*

Attention, Maria, à toi !

PIERRE

Tu as toutes les libertés que tu veux. La principale est celle dont tu ne veux pas. Tu ressembles à toutes les femmes.

### FRANK

Attention ! Troisième à l'antenne !

> *Gros plan sur ordinateur, puis sur fiche, et Frank lit.*

Il s'agit d'un monsieur, qui habite Paris, et qui désire garder l'anonymat... Votre attention, s'il vous plaît, Monsieur. Je suppose que vous avez un pseudonyme, ou une devise d'identification... Oui... Voici... Il s'agit de Fred. Alors, mon cher Fred, vous jouez *chez vous* et vous jouez *avec nous* !

> *On voit apparaître la silhouette d'un homme d'allure jeune, le bas du visage masqué et la tête coiffée d'un feutre Chicago.*

Ah ! vous êtes évidemment très anonyme, ainsi masqué, mon cher Fred ! Bonsoir quand même ! *The Queen* vous écoute !

> *Fred regarde fixement, comme s'il était hypnotisé par la vue de Maria, qu'il apercevrait à travers des nuées successives. Après un long silence :*

FRED, *voix assourdie.*

Bonsoir, Maria. Je te dis bonsoir de toutes mes forces. Je suis ici. Je t'attends. Quand tu voudras. Maria, est-ce que tu m'écoutes ?

FRANK

Je suis désolé, cher Monsieur, mais...

FRED

Je sais. Je m'en fous. J'ai prévu tout ce que vous pourriez me dire. J'ai droit à mon quart d'heure de *Queen* comme tout le monde. Et je sais qu'elle s'appelle Maria.

FRANK

C'est vrai, vous y avez droit, cher Monsieur, puisque notre ordinateur vous a désigné. Mais dans le strict anonymat. Je veux dire : sans vous adresser à la personne même de *Queen*.

> *Pierre est sorti de la bibliothèque. Il s'approche lentement de Maria mais sans entrer dans le champ des caméras.*

FRED

Je vous préviens que j'ai fait trafiquer mon installation par un ingénieur très compétent. Vous ne pouvez pas couper cette intéressante communication. Vous ne pouvez pas, mon vieux. C'est moi qui commande. Rassurez-vous, je n'en ai pas pour longtemps. A toi, Maria !... Montrez le visage de Maria, maintenant !... Vite !...

> *La caméra obéit et montre le visage de Maria, transformé.*

> FRANK, *casque aux oreilles,*
> *parlant au chef de production.*

Oui... Oui, d'accord. Je comprends. D'accord. *(A Fred)* Eh bien, cher Monsieur, je ne fais que vous répéter ce que me dit la régie. Nous aussi, nous avons prévu ce genre d'incident, et nous avons parfaitement le moyen de...

FRED

De quoi ? De me chasser de l'antenne ? La preuve : je suis toujours là. Si votre régie avait pu balancer tout de suite un de vos spots publicitaires, elle l'aurait fait. Or vous êtes en

train d'essayer, mais vous n'y arrivez pas.
N'est-ce pas ?... Redonnez-moi Maria, je vous
prie... Merci.

> *Maria à l'écran la tête dans ses*
> *mains, et Fred, d'abord intermit-*
> *tent, puis sa voix seule.*

Ecoute-moi bien, Maria. J'ai fait comme des
millions de dingues qui se nourrissent de tes
histoires de Vénus et de Saturne. J'ai lu tous
les reportages sur la maison où tu te caches,
étudié les photos à la loupe, j'ai essayé par
tous les moyens, j'ai proposé beaucoup d'argent à un type très haut placé à la télé. Il
n'a rien voulu me dire. Tu es bien gardée,
Maria. On tient à toi, tu sais. Tu es le premier
secret de l'Etat... Tu m'écoutes, Maria ? Je
veux savoir si elle m'écoute. Montrez-la-moi,
en gros plan, je vous prie...

> *Gros plan sur Maria, à l'écran ;*
> *elle avait la tête dans ses mains ;*
> *elle regarde, maintenant, au loin,*
> *comme fascinée par les paroles et*
> *par le visage de Fred.*

Merci, monsieur le cameraman. Très bien. Je vous ferai avoir de l'avancement...

*Un temps.*

Maria, je veux ton adresse.

MARIA

Non, Fred.

> *Pierre s'est approché de la table des mancies et dessine avec le bambou dans le sable. On peut voir les signes, de la salle, mais Pierre est toujours hors champ des caméras.*

FRED

Tu ne peux pas dire non. Tu sais que je peux révéler tout ce que tu veux cacher.

MARIA

Non !

FRED

Tout, à propos de toi, à propos de cet homme avec qui tu vis, en prison...

MARIA

Non !

FRED

Il est allemand. Il s'appelle...

MARIA

Non !

FRED

Maria, où habites-tu ?

MARIA

Non !

FRED

Il s'appelle Pierre-Siegfried, comte von Fores-
tier. Lieutenant-comte von Forestier. *Guten
Abend, Herr Oberleutnant ! Und... Heil
Hitler !*

> *Pierre a jeté son bambou par
> terre. Il regarde Maria et lui dit,
> à voix basse :*

PIERRE

Maria, arrête-le.

FRED

Tu sais, je n'ai pas peur de ton Allemand, et de ses tours de magie. C'est un charlatan !

MARIA

Fred, tais-toi.

FRED

Je vais t'indiquer un numéro de téléphone. Il s'agit de quelqu'un de sûr. Tu notes : 407 32 51... Je répète : 407 32 51. Tu appelles immédiatement et tu dis, à la personne qui décrochera, ton adresse.

MARIA

Oui.

FRED

Qu'on lui donne un téléphone ! Vite !... Je préviens les millions de crétins qui nous regardent en ce moment que le numéro en question est un abonnement temporaire, et que, dès demain matin, il ne répondra plus.

> *On tend à Maria un téléphone.*
> *Elle compose le numéro.*

Coupez le son !

> *Maria parle. Ses lèvres bougent.*
> *On n'entend pas un bruit. Pas*
> *même dans la salle. Elle raccro-*
> *che.*
> *On retrouve Fred à l'image. Le*
> *téléphone vient de sonner chez*
> *lui. Il décroche. Il écrit. Il dit*
> *« merci ». Il raccroche.*

### FRED

Maria, c'est entendu. Je serai demain matin chez toi. Très tôt. Je te remercie. Je prie les téléspectateurs de bien vouloir m'excuser. Je remercie la régie, monsieur le célèbre animateur, messieurs les techniciens. Vous avez été, tous, ce soir, une fois de plus *formidables* !

> *Il a parodié Frank, dans son nu*
> *méro de générique fin.*

Vous m'avez permis de retrouver Maria, *The Queen* ! Un mot encore : je suis chef d'orchestre. Pas un très grand chef. La bonne troisième classe. Il en faut. Ma voix n'est connue que des musiciens que j'ai dirigés ; et encore : ceux qui ont de l'oreille. Maria, je l'ai rencontrée il y a dix ans. Elle était comédienne. Le vieux lieutenant l'a détournée. Il a dû lui apprendre un peu de sorcellerie mais je suis sûr qu'elle n'a aucun pouvoir, d'aucune sorte. Voilà. Maria, à demain.

> *Il a coupé. Pub assourdissante, aussitôt, à l'écran, et personne ne songe à couper le son.*

> *Enfin Frank, le casque aux oreilles, fait un bond, et la caméra vient sur lui. Il est en gros plan, maintenant, le visage dévoré de tics. Il arrive à dire :*

### FRANK

Bien. Notre émission est naturellement terminée. Elle a été un peu exceptionnelle. Vous reconnaîtrez que nous avons tous, ici, partagé votre surprise. Demain soir, nous nous retrouverons pour votre rendez-vous avec celle que je remercie aujourd'hui tout particulièrement :

merci, *Queen*. Bonsoir. Bonne nuit. A demain !

> *Les machinistes envahissent le
> plateau et déplacent caméras,
> rails, projecteurs et câbles. Tout le
> matériel est repoussé à droite. Des
> coulisses, on apporte quelques
> fauteuils, où viendront s'asseoir
> Bernard, le réalisateur, son assis-
> tant, Claude, Jeanne et Michèle.
> Frank reste debout et arpente
> nerveusement la scène. Silence.
> Cigales, grillons... Maria n'a pas
> bougé.
> Bernard éteint deux ou trois lam-
> pes. Claude remonte vers l'entrée
> du jardin, où il allume une lan-
> terne de cuivre. Il descend. Si-
> lence. Puis :*

### CLAUDE

Eh bien, les jours raccourcissent... Il fait déjà
nuit.

MARIA

Bernard, est-ce que je peux te demander quelque chose ?

BERNARD

Bien sûr.

MARIA

Quand il a dit qu'il s'était arrangé pour que vous ne puissiez pas le décrocher de l'image, c'était vrai ?

BERNARD

Oui.

MARIA

Vous avez vraiment essayé ?

BERNARD

Oui ! Les types de Paris ont fait ce qu'ils ont pu. Personne n'y a rien compris... En fait, c'est possible, théoriquement. Mais ça doit être une fichue installation !

CLAUDE

Tu parles : n'importe qui pourrait se coller,

par téléphone, en direct à l'image et annoncer un coup d'Etat, une révolution, n'importe quoi !... N'importe qui !

### BERNARD

Je ne pense pas que ce type viendra. Il a bluffé. Il a peur de Pierre.

### MARIA

Pierre le tuera.

### MICHÈLE

Maria, il faut que tu partes.

### MARIA

Il viendra. Fred viendra ; et il sera tué.

### FRANK

Oh ! Je vous en prie ! Nous avons toute la nuit pour prendre une décision. Moi, je suis crevé. Je propose qu'on mange quelque chose.

### MICHÈLE

Et puis, nous allons avoir un appel de la Direction générale dans quelques minutes.

MARIA

Pourquoi ?

BERNARD

Pourquoi ? Mais parce qu'ils veulent savoir **ce** que nous allons faire demain.

MARIA

Demain ?

BERNARD

Oui. J'ai déjà eu Gugusse et le Grand Victor. Gugusse complètement affolé...

MARIA

Qu'est-ce qu'il a dit ?

BERNARD

Tu veux le savoir ? Il a dit que tu étais une emmerdeuse !

MARIA

Ce n'est pas très nouveau ! Et chaque fois que je lui propose d'arrêter l'émission, il me trouve charmante. Et même : irréaliste.

JEANNE

C'est vrai. Tu es irréaliste.

MARIA

C'est ce que disait toujours Fred. J'en avais
tellement assez, du théâtre, de tourner en rond,
de téléphoner à des metteurs en scène pour
leur dire que j'existais, de passer des nuits à
boire de la bière avec des camarades qui
avaient réussi... Enfin, réussi... Je croyais que
la réussite s'attrape, comme une maladie...

CLAUDE

C'est vrai, que cela s'attrape !

MARIA

Non, ce n'est pas vrai. Et moi, je ne *devais*
pas réussir. Tout le monde voyait que j'étais
Ondine, que je crevais d'envie de jouer Ondine, mon corps se couvrait d'écailles, mes
yeux passaient du bleu au vert, le temps de
les ouvrir et de les fermer, je respirais par les
oreilles, je manquais tous les trottoirs, d'un
rien, d'un battement de nageoires, je rêvais de
rivières, de rives, de saules pleureurs... Et on

me donnait le rôle de Cassandre, la vraie emmerdeuse, celle-là, comme dit M. le directeur de la Télévision, et, bien sûr, je me ramassais. Alors, Fred, au lieu de me consoler, me disait que je n'étais pas *réaliste,* que j'aurais dû refuser ce qui m'était aussi contraire. Ah ! c'était joli, le réalisme ! C'était, faute d'Ondine, courir tous les petits cachets, les synchros de cinéma, les pannes, les pubs... J'y serais encore, mais Fred était ravi. Il venait de sortir du Conservatoire. Il dirigeait des petits concerts, l'été, dans des villes de touristes à musique, *Obéron,* Tchaïkovski, *Boléro.* Cela l'ennuyait déjà, de ne pas être Furtwaengler, et de le savoir. Il ne voulait jamais m'emmener. Il disait qu'il avait honte, et qu'il trouverait bien une harpiste, sur place, pour lui recoudre son habit, si l'emmanchure droite craquait. Il disait cela en riant. Il détestait les harpistes. Un jour, sans prévenir, je suis partie pour Biarritz. J'ai trouvé une harpiste de Bayonne dans son lit. Elle était basque. Elle avait connu Ravel. Elle avait cent ans. J'ai eu le fou rire...

> *Elle rit. Le téléphone sonne. Bernard décroche.*

*A l'écran on voit un fonction-
naire grisonnant, en bleu foncé.*

BERNARD

Attention ! C'est Gugusse !

GUGUSSE

Maria est là ?

MARIA

Oui, mon cher ! Je sais que vous êtes inquiet,
mais nous on s'amuse bien ! Pas vrai, les
amis ?

TOUS

Ouais ! Ouais !

MARIA

On est en pleine forme ! Vous, mon cher
Gugusse, vous pouvez dormir sur vos deux
oreilles ! Mais demain, on sera tous fidèles
au poste !

TOUS

Ouais !

## GUGUSSE

Je vous préviens : je fais passer un communiqué, dans dix minutes, expliquant que le bonhomme que vous avez eu ce soir est une sorte d'imposteur, de dingue, qui confond Maria avec une autre femme... Comme si Maria était entrée exprès dans son jeu, pour ne pas le contrarier... Vous voyez le genre, hein ?

## MARIA

Gugusse... *(Soudain, très grave.)* Vous avez trouvé la formule géniale, et exacte. Je suis entrée exprès dans son jeu.

## GUGUSSE

D'accord. Merci, les enfants. Je rappelle demain matin, comme d'habitude. Bonne nuit !

> *Gugusse n'occupe plus l'écran, qui clignote un moment et s'éteint.*
> *Tous regardent Maria, qui sourit.*

## MICHÈLE

On en était à la harpiste qui avait connu Ravel.

FRANK

Puis-je répéter qu'il conviendrait peut-être de prendre quelque nourriture ?

CLAUDE

Allez, c'est parti ! Pauvre Ravel !

> *L'équipe disparaît vers la droite. Bruits de vaisselle et de verres. Ils installent, autour d'une table roulante, des plateaux ronds, par terre. Ils se mettent à dîner.*
> *Maria s'est levée et fait quelques pas vers la pergola. Tous s'arrêtent de manger pour la contempler. Enfin, elle appelle doucement :*

MARIA

Pierre... Pierre ! Tu es là ? Pierre...

> *Silence. Elle revient, s'assied.*

Jeanne, ma chérie, nous sommes ensemble. Il y a nous, il y a Fred. Et il y a Pierre. Il y a aussi toi. Officiellement, tu es la doublure-lumière d'une pauvre reine d'horoscopes. C'est

sur toi qu'on règle les éclairages, pour ne pas
me fatiguer. Tu as beau valoir mille fois mieux
que ton job, tu es comme toutes les doublures :
tu en remets. Je sais de quoi je parle. J'ai dou-
blé pendant quatre ans tu sais qui... Je me pre-
nais pour elle. Tu te prends pour moi. Tu veux
connaître Fred d'il y a dix ans, et Fred de
demain matin. C'est normal. Tiens... Et si tu
me doublais vraiment ?

JEANNE

Quoi ?... Pour Fred ?

BERNARD

Ah ! ah ! Voilà la première idée constructive
que j'entends ce soir. Maria, c'est vrai que Fred
ne t'a pas vue depuis dix ans ?

MARIA

C'est vrai... Il m'a vue tout à l'heure...

BERNARD

Oui, il t'a vue à l'écran, très souvent, comme
tout le monde... Jeanne, remets ta robe, s'il te
plaît.

> *Jeanne va vers un fauteuil, près*
> *de la bibliothèque, sur lequel est*

> *posée une robe blanche qui a*
> *servi, au début, pour les essais.*
> *Elle met cette robe et dénoue ses*
> *cheveux blonds. Elle marche vers*
> *la pergola.*

JEANNE, *comme récitant, d'abord,*
*avec quelque difficulté.*

Bonjour, Fred. Tu as bien fait d'appeler, hier
soir. Je ne t'ai rien dit. Je ne pouvais pas parler. Je ne t'ai pas oublié. Je ne me suis pas
endormie un seul soir sans chercher ton visage.
Tu ne me regardais plus. Et moi, je ne te
donnais plus rien.

> *Elle se tait et fait semblant de sui-*
> *vre un Fred qui se serait assis sur*
> *le canapé où se trouve Maria.*

Pierre ? Il est parti cette nuit. Oui, nous avons
tous cru qu'il était allé se promener dans la
forêt, comme il fait très souvent. Mais il a
même emporté ses livres, ses papiers, sa baguette, son vieil uniforme de 1944... Tu as
mal parlé de lui. Il faut que je t'explique.
Pierre était l'ami du colonel von Stauffenberg.
Cela te dit quelque chose ? Le 20 juillet 1944,

des officiers allemands, dirigés par Stauffenberg, ont manqué un attentat contre Hitler.
Pierre avait préparé cet attentat, depuis des
mois, dans les moindres détails. Scientifique-
ment. Avec ses planètes. Avec le ciel. Scienti-
fiquement. Il nous l'a raconté souvent. Il a
encore des documents. Tous les conjurés ont
été fusillés ou pendus. Lui seul a pu fuir. Il n'a
jamais guéri de cet échec, et de cette fuite, tu
comprends ? Ça s'est passé dans le baraque-
ment de M. Speer, le ministre de l'Armement,
à Rastenburg. Il y avait une grosse serviette,
bourrée d'explosifs... Pierre aime bien nous
raconter cette histoire. Il dit : c'est la meilleure
histoire du monde, la seule qui finit vraiment mal... Il rit ! Il recommence. Hitler venait d'allumer une cigarette française, ce qu'il
ne faisait jamais, et tout le monde se demandait pourquoi, d'où pouvait venir cette « gau-
loise troupes ». Hitler a fait un saut sur le
côté, comme un chat... Fred : comprends bien
la chose capitale. Tout le complot était basé
sur des données astrologiques. Tu n'as jamais
rien lu, sur cette histoire ? Cela ne t'intéresse
pas ? Mon chéri, à quoi penses-tu ? Tu te fous
d'Hitler ? Fred, je ferai ce que tu voudras. Tu

n'es pas du tout un petit chef d'orchestre de troisième classe. Je t'ai écouté, l'autre soir à la radio. Cela sonnait bien. C'était une symphonie de...

### MICHÈLE

... de Brückner, la Romantique, ta préférée... Tu sais, j'ai gagné pas mal d'argent, avec cette télévision, et je n'y ai pas touché. Nous pouvons partir où tu voudras. Si tu veux. On va tout recommencer. On va aller se promener rue Bonaparte, comme le premier jour. Tu seras tout voûté, tu feras un peu exprès, pour avoir l'air intéressant...

### JEANNE

J'aurai vingt ans, je ferai de grands pas en te tirant par la main...

### MICHÈLE

Je vais te dire quand même que j'ai l'impression de marcher dans la rue avec mon fils. Tu vas poser ta main dans mon dos...

### JEANNE

Et cette rue Bonaparte va courir à notre rencontre.

MICHÈLE

On va arrêter un taxi, qui passait...

> *Pierre était entré depuis un moment, par la porte de la bibliothèque.*

PIERRE, *très doucement.*

Jeanne, tu te trompes, notamment pour Hitler. Je n'ai jamais dit qu'il avait sauté comme un chat. J'aime trop les chats. Et puis, tu oublies le principal.

> *Maria se lève et va vers lui. Il la repousse violemment.*

Dans deux heures, nous serons le 20 juillet. Je vous avais préparé une petite fête. Il y a une caisse de champagne qui attend, au frais. Trente ans, ce n'est pas rien... Merci, Frank, de vous en occuper. Ce n'est pas rien du tout !

> *Frank est sorti, sur la pointe des pieds.*

Nous pourrions commencer par cet anniversaire, non ? Avant de passer au moment présent... Il y a quand même une chose intéressante dans le récit de Jeanne. Intéressante pour moi. Le 12 avril 1945, la Philharmonie de Berlin a donné son dernier concert du régime nazi, dans une salle glacée. Les musiciens ont joué enveloppés dans leurs manteaux. J'étais là, déguisé en clochard aveugle. Ce concert s'est terminé par la Symphonie dite romantique, en effet, de Brückner, la quatrième, en mi bémol majeur, que je préfère appeler la Forestière. Il vous faut imaginer Berlin le 12 avril 1945 sous le grondement des canons russes. J'avais trouvé un morceau de pain gris et un navet. Je portais des lunettes d'ouvrier soudeur, en aluminium et en mica noir. Je croquais mon navet, à petits coups. Je l'ai fait durer tout le temps de cette symphonie, qui est assez longue, comme vous savez. J'ai gardé le pain pour le soir. Je ne crois pas que Fred puisse égaler un jour, même avec l'aide de la rue Bonaparte, Wilhelm Furtwaengler. Voulez-vous boire ce champagne, maintenant ? Ou préférez-vous que j'aie une conversation privée avec Maria ?... Frank ?

FRANK, *revenant, posant devant
lui un chariot, où sont les bouteilles
de champagne dans leurs seaux de glace.*

Excusez-moi, Pierre, mais l'histoire de la Philharmonie et de votre navet, je commence à
bien la connaître. C'est d'ailleurs une histoire
émouvante. Mais à côté de ce qui se passe ici,
ce soir...

> *Il a fait sauter un bouchon, il*
> *remplit un verre.*

permettez-moi de trouver que...

### PIERRE

Du reste, je propose, pour demain matin, pour
l'arrivée de Fred, que nous mettions le disque
du final de cette symphonie. Je l'ai. Par Furtwaengler, naturellement. Du reste...

> *Il marche vers Michèle et lui tire*
> *délicatement l'oreille, en riant.*

Du reste, d'où as-tu sorti cette symphonie ?
Comment toi, qui es la plus gentille mais la
plus « antimusique » de vous tous, as-tu choisi
d'inventer cette symphonie ?

### MARIA

Pierre, c'est moi qui lui ai dit...

PIERRE

Dit quoi ?

MARIA

Eh bien, j'ai dit l'autre jour que j'avais écouté
cette symphonie à la radio.

PIERRE

Mais tu n'as pas dit à Michèle que Fred dirigeait l'orchestre.

MARIA

Si. A Michèle et à Jeanne.

PIERRE

Ah !... Jeanne savait donc qui était Fred.

MARIA

Oui.

PIERRE

Ce qui suppose que tu avais ici, quelquefois,
ou souvent, avec Jeanne, ou avec d'autres, des
conversations à propos de Fred ?

MARIA

Oui, Pierre.

PIERRE, *les balayant tous
d'un regard terrible.*

Et pas seulement avec Jeanne ?

*Silence.*

CLAUDE

Et pas seulement avec Jeanne ?

FRANK

Moi non plus. Un peu de champagne, Pierre ?
Il est fameux. Je me suis permis d'y goûter...

PIERRE, *prenant le verre
et après avoir bu.*

Merci. Et toi, Michèle ?

MICHÈLE, *après une hésitation.*

Maria m'a dit qu'elle avait connu un chef d'orchestre, autrefois.

PIERRE

Elle te l'a dit comment ?

MARIA

Ecoute !

MICHÈLE

Elle me l'a dit comme ça.

PIERRE

Avec détails ?

MICHÈLE

Oui, enfin... quelques détails. Suffisants. Un type un peu mou, tu vois ? Maso. Tout ce que je déteste.

PIERRE

Je vois. Conversation de gynécée. Les cuisses de la France... Bernard ?

BERNARD

Pierre, je savais aussi ; mais je ne peux pas dire que cela m'intéressait beaucoup. J'ai travaillé une ou deux fois avec Fred, quand j'étais à la radio de Strasbourg. Les musiciens avaient l'air de l'apprécier... Mais il est un tantinet cabot, si vous voyez ce que je veux dire...

PIERRE

Ce n'est pas ce que je demande ! Quelle radio ?

> *Il a hurlé. Il jette son verre par terre, puis il piétine les morceaux. Long silence, puis :*

Maria, je te demande pardon.

### MARIA

Moi aussi, Pierre.

> *Elle va timidement vers lui. Il s'assied et la fait asseoir près de lui. Il caresse ses cheveux, long-temps.*

### PIERRE

Vous savez, pour revenir au 20 juillet, notre grande erreur a été, indépendamment du choix de l'explosif, trop faible, de ne pas maîtriser tout de suite les gens de la radio. Goebbels l'a dit le lendemain. Il a dit que nous avions été des boy-scouts. Des boy-scouts !... Maria, tu ne bois pas, ma chérie ?

> *Pierre tend un verre de champagne à Maria, qui le vide lentement. Pierre, après avoir vidé le sien :*

On ne pense pas assez que les terres de Champagne sont fertilisées par les millions de cadavres pourris et les milliards de litres de sang des Français, des Allemands, des Allemands, des Français. Le champagne est le vin des batailles... Je croyais n'avoir que des amis français. Et voilà maintenant ce jeune homme qui arrive, pour me combattre...

*Il lève son verre vide.*

**NOIR**

# ACTE II



*Quelques instants après. Les mêmes, verre en main, et levés. Ils sont tous autour de Pierre, à la façon recueillie de disciples autour de leur maître. Pierre pose son verre. Tous l'imitent.*

## PIERRE

L'essentiel est d'avoir derrière soi le plus grand nombre possible de moments heureux, où l'on peut puiser quand on est en détresse. Tout à l'heure, Fred m'a attaqué. Alors, j'ai appelé ma petite fille au secours. Il y a très longtemps de cela. Elle avait quatre ou cinq ans. Nous étions en vacances en Bavière...

> *Il montre la nappe sur la table
> basse, à carreaux bleus et blancs.*

Il y avait toujours une nappe pareille à celle-ci, à petits carreaux bleus et blancs. C'est pourquoi j'ai ici cette nappe. C'était un matin d'été, calme et chantonneur. Je mettais de l'ordre dans mes partitions. Il y avait trois gros tas, celui de Bach, celui de Beethoven, et celui de Brahms. Ma petite Anne-Lise me regardait et je lui expliquais qui étaient les trois B. Elle répétait : « Monsieur Bach ? Monsieur Beethoven ? Monsieur Brahms ? » Elle était heureuse d'apprendre de moi ces trois noms énormes...

### MICHÈLE

Pierre, c'est la première fois que vous parlez de votre fille.

### PIERRE

Anne-Lise est morte peu après... Il faut bien que vous compreniez tous, gentiment, malgré ma dureté, parfois, avec chacun de vous, que je n'ai plus rien sur la terre, excepté Maria. C'est pourquoi je n'ai pas grande envie de la rendre à ce jeune homme.

MICHÈLE, *très doucement.*

Je trouve que nous pourrions laisser Pierre et Maria un peu seuls, maintenant.

CLAUDE, *éclat de rire.*

Ha ! ha ! ha ! Michèle est délicieuse !

MICHÈLE

Qu'est-ce qu'il y a ?

JEANNE

Elle a raison.

MARIA

Mais non...

CLAUDE

Ce serait bien la première fois, depuis un an, que Michèle parlerait d'abandonner Pierre !

MICHÈLE

Mais je n'ai pas dit cela !

CLAUDE

Tu ne l'as pas dit, non, tu n'as jamais eu envie

de le dire, tu n'as jamais eu envie de laisser
Pierre et Maria « un peu seuls, maintenant »,
tu as toujours attendu le moment où Pierre...
Enfin, si Fred arrive, c'est une excellente affaire pour toi. Voilà. C'est tout ce que j'avais
à dire. Il y a longtemps que tu es hypnotisée
par Pierre.

PIERRE, *très calme.*

Et c'est un crime ?

MICHÈLE, *au bord des larmes.*

Je jure que j'ai pensé uniquement à Maria et à
Pierre, qui ont envie d'être seuls, et d'être dé-
barrassés de notre petite bande d'histrions hys-
tériques.

CLAUDE

Parle pour toi !

MICHÈLE

Je parle aussi pour moi.

PIERRE

Décidément, il m'arrive quelque chose tous les
trente ans. *(Il rit.)* Non, j'oubliais Maria, ma
rencontre avec Maria. Les premiers mois où

nous avons habité le même hôtel, à Mont-
parnasse, sans jamais nous rencontrer... Quel
temps perdu !

MARIA

Pierre, je t'en prie !

CLAUDE, *accent russe.*

*Chambrre 28, je vos écôte !*

JEANNE

Le portier de nuit était un baron balte. Pierre
avait la chambre 28. Moi la chambre...

CLAUDE

Cinquante-quatre !

MARIA

Assez ! Assez ! C'est curieux, cette manie que
tu as, Pierre, de toujours repartir en arrière.

PIERRE

J'ai cette manie, c'est vrai. Je te l'ai communi-
quée, d'ailleurs ; et tu n'as jamais songé à me
le reprocher. Ce soir, pour la première fois.
Tu es en train de découvrir soudain une pre-

mière raison de me quitter. Tu vas en découvrir d'autres, des tas d'autres, très vite. Tu es libre.

MARIA

Mais enfin qu'est-ce que cela veut dire ? Toi, tes étoiles dans le ciel, tes signes sur le sable, et tes horloges entre les siècles, toi le maître du temps, et le maître de la femme que tu as voulue, toi, Pierre, maintenant, réduit à faire le bateleur ? Deux hommes, deux insectes acharnés, toi et Fred, autour de moi, deux amants sur les boulevards de Paris, c'était l'avant-guerre, ma chère, ils faisaient tous les deux des moulinets avec leurs cannes à pommeau d'argent. L'air de Paris sentait le duel, la poudre de riz, les épées, les cravates de soie blanche, à l'aube, sur le pré... Est-ce que nous ne sommes pas capables de nous passer de quelqu'un ?

PIERRE

De qui ? De moi ? De Fred ?

MARIA

Des deux. Je te le dis en face : des deux. Je file. Je fais mes valises. Demain soir, Jeanne sera à l'antenne à ma place. Michèle dans ton lit. Fred choisira Jeanne, je pense. Peut-être pas... Enfin, arrangez-vous ! Arrangez-vous !

*Elle pleure.*

C'est l'antenne qui te fait peur, Jeanne ? Autant que vous le sachiez, vous tous, mes amis : Fred a dit vrai. Je n'ai aucun pouvoir, d'aucune sorte. Pierre m'a appris l'alphabet, le vocabulaire, les petits trucs. Je ne sais rien d'autre. Je ne faisais que répéter ce que Pierre me soufflait...

JEANNE

Comment, ce qu'il te soufflait ?

CLAUDE

Ah ! J'en étais sûr !

FRANK

Transmission de pensée ! Deux médiums ! Nous avons été roulés et la France est roulée depuis un an dans la farine de deux médiums allemands ! Car toi aussi, Maria, tu es une Allemande, au fond !

### PIERRE

C'est curieux comme l'arrivée probable mais non certaine de quelqu'un que vous connaissez fort peu vous fait dire des bêtises... Vos vérités, peut-être... Toi, Frank, tu détestes à ce point Maria que tu la traites d'Allemande. Frank, je comprends que tu haïsses l'Allemagne jusqu'à la fin de ta vie ; mais qu'est-ce que ta haine change à l'Allemagne ? Et qu'est-ce que ta haine te rapporte à toi, Frank ?

### BERNARD, *à Pierre.*

Ecoute-moi. Chaque fois que je t'ai interrogé, tu m'as répondu que Maria savait tout, faisait tout.

### PIERRE

J'ai reconnu que je l'avais instruite.

### BERNARD

Je t'ai dit alors : « Es-tu donc un mage ? » Tu as ri, et tu t'es mis en colère contre moi.

### PIERRE

Parce que « mage » ne veut rien dire.

CLAUDE

Tu as un autre mot, pour désigner les gens qui montent des numéros comme le vôtre ?

PIERRE

Il me faut beaucoup de patience. J'en aurai. Quels numéros, Claude ? Les gens qui interrogent Maria sont tous plus ou moins désespérés, comme à peu près tous les habitants de la terre. Plus ou moins. Sur cet écran, ils livrent une date, une heure, un lieu de naissance. Et un visage, une voix, et un certain ordre dans les mots qu'ils emploient. Et d'autres choses encore qui me sont utiles...

CLAUDE

Oui, bon, c'est entendu, tu nous l'as déjà expliqué : ce sont les supports de la divination.

PIERRE

Je n'ai jamais utilisé ce mot.

CLAUDE

Peu importe. Mais comment fais-tu passer ce que tu... découvres chez les téléspectateurs par la bouche de Maria ?

> *Frank descend brusquement dans
> la salle, se place près d'un spec-
> tateur et se met à crier.*

### FRANK

Je vous l'ai dit : le coup de la transmission
de pensée. *(Au spectateur)* Vous permettez,
Monsieur ?...

> *S'adressant au plateau :*

Madame Olga, vous êtes avec moi, n'est-ce
pas ? Répondez, Madame Olga, répondez, ré-
pondez-moi bien clairement, ce monsieur, ce
monsieur a dans son portefeuille un passeport,
n'est-ce pas, n'est-ce pas, un certain passeport
numéroté, vous me suivez, vous êtes toujours
là, Madame Olga, et vous me dites, vous,
n'est-ce pas, vous me dites le numéro, ce
numéro précis, Madame Olga quel est-il ?
Allons !...

### PIERRE, *hurlant.*

Assez ! Est-ce qu'il en est un seul, parmi vous,
qui peut dire qu'il y a le moindre rapport entre
ce numéro de foire et ce que Maria a dit à des
centaines de gens inconnus, tous les soirs, ici ?

Et sans la moindre possibilité de truquage ?
Répondez !

*Silence.*

Pourquoi vous acharnez-vous soudain contre
moi ?

BERNARD, *après un long silence.*

Pierre, il ne faut pas leur en vouloir...

PIERRE

Que craignez-vous pour vous-mêmes ? De perdre votre job ? Si je m'arrête, la Télévision
vous emploiera à autre chose. C'est le fric qui
vous commande ? La France du fric ? Vous
n'avez donc pas compris pourquoi le numéro,
comme tu dis, marchait si bien entre elle et
moi ? Parce que je l'aime, d'un amour absolu.
Moi, je déchiffre, je lui transmets mes décou-
vertes. Et la transmission, à ce degré parfait,
n'existe que par l'amour absolu. Maria, tu
parlais de faire tes valises ? Tu n'as pas bougé.
Eh bien, reste encore un peu. Je t'annoncerai
quand tu voudras l'heure exacte de ton départ.

MARIA

Je préfère décider toute seule.

PIERRE

Je te l'annoncerai. Tu feras ce que tu voudras.

BERNARD

Maria ! Est-ce que c'est vrai, ce qu'il dit ?

MARIA

Quoi donc ?

BERNARD

Eh bien, que c'est lui qui te dictait tes réponses...

MARIA

Bien sûr.

FRANK

Sans lui, tu ne peux rien ?

MARIA

Rien. Je peux vous tirer les cartes, si cela vous amuse.

BERNARD

Alors, excuse-moi, Pierre, si tu as tous les pouvoirs, et elle aucun, pourquoi Maria a-t-elle le pouvoir de s'en aller ou de rester, ou de... ?

## PIERRE

Parce que vous êtes tous libres ! La terre entière est libre ! La révolution est révolutionnaire ! Je parle de la révolution du ciel, bien entendu. C'est vous tous, pas seulement Maria, qui avez peur du ciel. Or Dieu vous aime libres, et sans peur.

## FRANK

Je n'ai jamais cru en Dieu. Quand ma mère est morte en déportation, il paraît qu'elle murmurait une prière. Elle mourait tout de même. Je ne veux pas savoir qui pourrait être ce Dieu qui tue, à Ravensbrück, des femmes qui se croient divines, sauvées, rachetées, éternelles, et toute cette litanie. Je n'ai donc pas peur de ton Dieu. Je vis. Qu'il me laisse vivre ; et crever, le plus tard possible. Je n'ai pas peur non plus de ton cirque, qui dégringole de ton Dieu : la maladie de croire à n'importe quoi. Pythagore, putréfaction de cadavres alchimiques, sorciers, cartomanciennes, dragons rouges, tables tournantes, Jérusalem céleste de dingues, Jérusalem descendue sur la terre, aux douze portes en saphir, en émeraude, en jaspe, en sardoine... Tu vois que je connais tes chansons. Moi, Monsieur le lieutenant allemand aristocrate et musicien, je ne connais qu'un mur : celui de Jérusalem, devant lequel je me tiens, pour pleurer ma mère. Je ne t'aimais pas, Siegfried. Je faisais mon travail, ici, avec Maria, avec toi, puisque tu étais derrière Maria. J'aime bien Maria. Je te supportais, parce qu'il y avait quelque chose d'un peu touchant, dans ton amour. Maintenant, je vois que même ça c'était de la frime. Tu n'aimes pas Maria. Tu aimes ton pouvoir sur elle. Tu as peut-être fait un peu d'antinazisme, c'est possible. Le folklore de Monsieur le Comte est avancé. En avant, les chevaliers von Quelque Chose !

PIERRE, *très doucement.*

Comme tu te trompes, Frank ! Il me suffirait d'un mot pour te mettre à genoux.

FRANK

Devant toi ?

PIERRE

Non, devant ta mère, qui vit avec ce Dieu qui te fait cracher.

FRANK

Je t'en prie. Ne te gêne pas. Tu n'as encore
jamais mis quelqu'un à genoux sur cet écran.

PIERRE

Tu y tiens vraiment ? Bon. *(A tous.)* Est-ce
que l'une ou l'autre d'entre vous approuve ce
qu'a dit Frank, à mon propos ?

*Silence.*

Je vous remercie. *(A Frank.)* Nous allons
donc être seuls, toi et moi.

FRANK

*Mit Vergnügen, Herr Oberleutnant !*

> *Il s'est mis au garde-à-vous.*

PIERRE

Je t'en prie, ne fais pas le pitre.

FRANK

Mon cher, c'est mon métier.

PIERRE

Ecoute-moi...

> *Pierre tourne le dos au public et va à la table des mancies, où il commence à dessiner des figures.*

Regarde-moi, si tu veux, mais écoute Maria...
Maria !

MARIA

Non, je t'en prie.

> *Maria vient s'asseoir sur son fauteuil habituel et, comme malgré elle, reprend son visage de télévision. Pierre se place derrière elle, les deux mains tendues.*

PIERRE

Merci, Maria. Ecoute, Frank. Toi, c'est d'abord
ta mère. Ta mère est morte en 43. Tu étais un
enfant.

FRANK

En 43 ? Non, en 42... Oui, en 43.

PIERRE

Tu sais qu'elle est morte en priant. Tu le sais par une femme qui était dans le même camp. Qui en est revenue. Et qui te l'a dit.

FRANK

Oui... *(criant)* Non !

PIERRE

Pourquoi, Frank ? Je ne dis rien. Tu viens de hurler contre moi. Je n'ai rien dit. Et c'est Maria qui te dit la suite... Maria ! Maria ! Vite !

MARIA, les yeux au loin,<br>martelant les mots.

Cette femme qui t'a parlé de ta mère t'a dit aussi qu'il y avait eu entre elles, entre elles deux, comme souvent dans les camps de concentration, un amour, une sorte de...

FRANK

Non !

MARIA

Elle te l'a dit. Tu as eu raison de la croire... Et quand cette femme t'a révélé cela, tu as été

pris à ton tour de désir pour cette femme, qui
ressemblait à ta mère...

>           *Frank se lève en hurlant. Pierre*
>           *l'arrête d'un geste. Frank s'immo-*
>           *bilise.*

PIERRE

Alors, Frank, qui suis-je ?

FRANK

Salaud !

PIERRE

Mon petit, je déteste me venger, mais tu m'y
as contraint. Je déteste qu'on me reproche
de n'avoir pas tué Hitler ; ou de n'avoir pas
aimé Maria. Je déteste ce que Maria vient de te
dire. Pardonne-moi. Chacun de nous tous en
a autant, enfoui sous la peau. Et nous vivons,
à peu près tous jusqu'au bout. Tu as honte,
maintenant devant nous. Et cela, je ne le veux
pas. Frank, tu es très fatigué, tu as besoin de
respirer. Tu sors, tu vas vers la pergola, tu as
envie d'eau fraîche, tu sors, tu vas vers la
pergola, tu... oui...

>           *Frank obéit mécaniquement et*

> *disparaît. On entendra son pas,*
> *puis le bruit de l'eau.*

### PIERRE

Tu ouvres le robinet au-dessus de la vasque et tu mets ta tête sous l'eau. Oui... Comme c'est agréable, n'est-ce pas ? Voilà. Tu t'assieds sur la chaise longue de paille. Non, pas celle-là. En paille. Voilà. Tu t'étends, tu te renverses en arrière, l'eau coule maintenant sur ton visage. Tu oublies tout ce que je t'ai dit. Nous n'avons rien dit, Frank. Nous sommes amis. Tu écoutes l'eau couler près de toi. Tu aimes ce bruit de l'eau. Tu t'endors. Tu es bien, près de cette eau qui coule dans cette vasque. Tu dors. Tu dors. Tu dors...

> *Silence. Tous immobiles. Pierre*
> *sort, va vers Frank. On entend*
> *toujours l'eau. Puis on ne l'en-*
> *tend plus. Pierre a sans doute*
> *fermé le robinet. Il revient lente-*
> *ment, les mains mouillées, qu'il*
> *secoue.*

Voilà. Excusez-moi.

> *Pierre passe ses mains sur ses yeux.*

### MICHÈLE

Mais qui es-tu donc ? Explique-moi. Pierre, explique ! Siegfried, parle-moi !

### PIERRE

Ma petite, je suis ce qu'il a dit : un homme bientôt vieux, encore capable. Mais je n'abuse pas de mes pouvoirs. A chacun de vous, pourtant, je pourrais révéler, par la bouche de Maria, quelque chose qui changerait votre vie. Quelque chose que vous savez et que vous ne voulez pas savoir.

### CLAUDE

Bien. Je n'ai pas très envie de me faire endormir, comme Frank. Je trouverai mon sommeil tout seul. Auparavant, et si mon chef vénéré... *(il s'est tourné vers Bernard)* n'a pas besoin de moi, je vais prendre ma moto et faire un tour en ville. Il paraît qu'il y a une nouvelle boîte, où les jeunes beautés viennent faire admirer leurs gorges. Je vous salue bien...

> *Il sort dans une pirouette. On en-*
> *tend la moto, bruyante, au dé-*
> *marrage ; puis elle s'éloigne.*

### PIERRE

Les gorges des beautés ! Ce pauvre Claude se raconte des histoires... Claude a un ami, en ville. Le jeune mécanicien qui bricole les motocyclettes. Ce jeune mécanicien, qui n'est pas du pays, est très beau. Il vient du Nord. Mettons de Hollande. Claude le regarde travailler pendant des heures. Ils ne se disent rien. Presque rien. Mais c'est un plaisir beaucoup plus grand et plus mystérieux que celui des jeunes filles.

### MICHÈLE

Tu veux dire que Claude... Tu l'as vu ?

### PIERRE

Je ne l'ai pas vu au sens où tu dis voir. Eh bien, il n'y a pas de mal à ça. Claude est le parfait androgyne. Sur sa rigoureuse bipolarité, le plus petit magnétiseur du monde jouerait une musique à vous couper le souffle... Yin... Yang... Yin... Yang...

MICHÈLE

Je trouve que tu exagères !

PIERRE

Nous restons en famille, je vois. A moins que Bernard et Jeanne...

BERNARD, *riant.*

Tu as une façon de dire : « Bernard et Jeanne » ! Si nous te quittions maintenant, ceux qui restent apprendraient sans doute sur notre compte bien des secrets...

PIERRE, *lui tapant amicalement sur l'épaule.*

Mais non, mais non ! Je repense à Claude. Si jamais nous le revoyons, il faudrait me faire penser à lui donner un conseil. Il faudrait qu'il pratique le Maithuna. C'est un coït tantrique ; où l'homme et la femme arrivent, mais c'est très difficile, à reconstituer l'androgyne initial. Naturellement, le plaisir partagé est très intense.

MARIA

Oh ! Pierre, si tu voyais ton visage, en ce moment, tu ne te plairais pas !

### MICHÈLE

Tu n'as pas toujours dit ça, Maria ! Mais vas-y ! Continue !

> *Pierre s'éloigne, sans doute pour surveiller le sommeil de Frank.*

### BERNARD

Fred, je ne le connais pas beaucoup.

### MICHÈLE

Tu l'as déjà dit. Mais moi, je sais. C'est l'homme idéal. Pour Maria.

### JEANNE

Laisse-le parler !

### BERNARD

Si je comprends bien, Fred est quelqu'un qui a mis dix ans à s'apercevoir qu'il t'aimait, mais après t'avoir plaquée. Non ?

### MARIA

Il est malheureux. Il a besoin de moi.

### BERNARD

Et Pierre ?

### MARIA

Pierre... Moins. Michèle, tu dois commencer à le savoir, n'est-ce pas ?

*Pierre revient.*

### BERNARD

Et voilà ! Les femmes pèsent leurs amours comme des marchandes. Comme elles jouaient à la marchande quand elles étaient petites filles. Et celui qui pèse le plus lourd, c'est toujours celui qui inspire le plus de pitié... Pierre, je n'ai pas de conseil à te donner... mais si j'étais toi, je chasserais Fred.

### PIERRE

Je n'ai jamais rien prévu. J'ai fait dépendre toute ma vie de prévisions fausses, que je savais fausses quand je les dessinais devant moi. J'ai toujours vécu en comptant les pavés dans les rues, pair ou impair, ou les feuilles que le vent arrache, ou encore j'ai passé des soirées d'hiver devant des cheminées, à scruter le mouvement des bûches et l'attaque des flammes, si le feu prenait à droite, ou s'il s'arrêtait à gauche... Et de tous ces signes, je tirais, pour moi et pour les miens, un nombre incalculable d'erreurs passionnantes !

> *Il s'est levé pesamment et va vers la table des mancies. Il trace des traits, qui barrent toute la surface du sable. Il est de dos. Il efface tout. Il trace enfin six points, la figure* Amissio.
> *Il se retourne et dit :*

*Amissio. La Perte.* L'impossibilité de reprendre ce qui vous a échappé. Mohammad Ibn Omar ajoute : « Le départ pour un autre lieu. » Amusant, non ?

> *Il laisse tomber le bâton.*

Bernard, tu dois être fatigué. Va dormir un peu. Tu es un homme bon. Jeanne, ma petite, va aussi. Si j'avais besoin de vous, je vous réveillerais.

> *Jeanne va vers Pierre qui l'embrasse. Elle rejoint Bernard, qui prend sa main. Michèle s'est le-*

*vée, hésite un peu, puis va vers
Pierre, qui l'embrasse aussi.*

### PIERRE

Dors tranquillement, toi aussi, Michèle.
Bonne nuit. Ne vous inquiétez pas. Vous
n'avez jamais entendu la moindre dispute
entre Maria et moi. Vous n'entendrez rien,
cette nuit non plus. Michèle : embrasse Maria,
je t'en prie.

> *Bernard, Jeanne et Michèle em-
> brassent Maria silencieusement et
> sortent.*
> *Pierre s'assied dans le fauteuil
> TV de Maria. Il sourit, comme si
> c'était la première fois qu'il
> voyait ce décor, et crie enfin,
> joyeusement, en imitant Frank :*

Comme chaque soir, à la même heure, *The
Queen !*

> *Rire nerveux. Il se lève et va re-
> garder du côté de Frank. Il re-
> vient. Il s'assied.*

PIERRE

Je pense qu'il ne va plus tarder, maintenant.
Fred. Fred Furtwaengler.

MARIA

Il a pris l'avion. Et puis, il a loué une voiture.
Il va rouler comme un fou. J'en suis sûre...
J'ai peur !

PIERRE

Il ne lui arrivera rien de mal.

MARIA

Tu savais qu'il viendrait, n'est-ce pas ?

PIERRE

Oui.

MARIA

Depuis longtemps ? Depuis que je t'ai parlé
de lui ?

PIERRE

Oui.

MARIA

Tu n'as rien montré. Tu as toujours parlé de
Fred comme d'un jeune homme aimable.

PIERRE

Fred est un jeune homme aimable, léger, c'est toi qui me l'as appris.

MARIA

Léger ? Je ne t'ai jamais dit ça.

PIERRE

Mettons alors que tu aies parlé plutôt de ma lourdeur.

MARIA

Pierre, tu as trop de charme.

PIERRE

Trop, je ne sais pas. Il en fallait pas mal pour te garder. Pas assez, puisque tu me quittes.

MARIA

Je reviendrai, si tu veux, de temps en temps.

PIERRE

Je t'en prie. Pour voir comment je vis sans toi ?

MARIA

Tu veux garder Michèle ? Elle en meurt d'envie.

PIERRE

Tu sais, je ne suis pas assoiffé de femmes.

MARIA

Tu n'as jamais vécu seul.

PIERRE

Je vais avoir beaucoup de temps.

MARIA

Tu vas être heureux. Tu aimes le temps.

PIERRE

Oui. Le temps rigoureusement vide. Je vais être heureux. Et toi ?

MARIA

Je ne sais pas.

PIERRE

C'est ce qui te plaît. Ne pas savoir vers quoi tu te diriges, mais cependant te mettre en route.

MARIA

Oui... Tu m'avais arrêtée.

PIERRE

Nous ne savons jamais vers quoi nous nous dirigeons. Nous cherchons, comme des aveugles, une maison.

MARIA

Une maison ?

PIERRE

Oui.

MARIA

Dans ce cas, je n'en connaîtrai jamais de plus belle que la tienne.

PIERRE

Quand je dis maison, je ne dis pas maison. Et je ne parle pas de plus belle ou de moins belle.

MARIA

Tu parles de quoi ?

PIERRE

Tu as déjà oublié. Le Français dit maison et signifie séjour, trois pièces, avec les meubles de l'horrible Louis XV, ou bien la ferme imaginaire de ses parents, avec vendanges et chasse gardée. Quand Novalis dit maison, quand il dit que nous cherchons, comme des aveugles, une maison, il fait entendre le bruissement infini de l'enfance, des forêts, d'une patrie intérieure, où la terre et le ciel se répondent, où nous voyons enfin le désordre naître de l'ordre, le progrès en déroute, les sociétés s'effondrer comme des châteaux de cartes, et où chacun de nous, sa lumière à la main, s'avance seul, guidé par des odeurs, par des mains inconnues, reconnues aussitôt, par des sons imperceptibles, des notes très hautes, tenues très longtemps... C'est ce que j'aimais, ici, dans notre vie, avec nos amis. Nous faisions notre travail, dérisoire en apparence, mais sans doute utile, puisque nous avons jeté tous les soirs un peu d'obscurité sur ce pays trop clair. Et en même temps, nous étions amis. Nos chemins se réunissaient comme si nous avions trouvé la vraie maison, celle de Novalis, intraduisible en français... Tu vas encore dire que je suis le bafouilleur de la Rhénanie...

## MARIA

Non. Tu m'as si bien gardée, pendant quatre ans, dans tes rêves...

PIERRE

Que tu préfères revenir à la réalité.

MARIA

Est-ce la réalité ?

PIERRE

Tu verras. Tu verras ce que tu voudras voir. Moi, je te verrai sur la couverture en couleurs d'un vieux magazine de télévision, que j'emporterai avec mon bagage. Le soir, je le contemplerai. Pour moi, Maria, tu es tout, tu es Marie, la France, le sourire, le calendrier des Postes que vos facteurs vous apportent à chaque fin d'année. Je te verrai partout, ta photo dans mes mains. Tu seras ma réalité... Je voudrais savoir encore une chose, si tu me permets : pourquoi as-tu parlé de Fred aux autres ?

MARIA

Il n'y a pas longtemps.

PIERRE

Pourquoi ?

MARIA

Je ne sais pas. Besoin de me souvenir de ma jeunesse.

PIERRE

Ne peut-on se souvenir en silence ?

MARIA

Si ; mais c'est plus agréable quand on raconte aux autres.

PIERRE

Et Fred, c'est agréable à raconter ? Je croyais, au contraire...

MARIA

Pierre, tu sais tout, je t'ai tout dit. Tu as deviné le reste ; ce que je ne t'avais pas dit. Ne peux-tu comprendre que j'ai eu plaisir à raconter Fred, à l'inventer, à le recommencer ?

PIERRE

Devant Jeanne ? Devant Michèle ?

MARIA

Oui. Devant celles qui sont jeunes, comme j'ai été jeune.

PIERRE

Parce que ma vieillesse te pesait, et te faisait vieillir.

### MARIA

Non. Pas encore. Mais cela était en train d'arriver. Pierre, pardonne-moi...

### PIERRE

Je te pardonnerai tout, jusqu'à la fin. Je me suis remis entre tes mains pour ma joie et pour ma peine. Je ne suis pas jaloux de Fred.

### MARIA

Je ne cesse de t'aimer.

### PIERRE

Tu l'attendais.

### MARIA

Oui.

### PIERRE

Tu dormais dans mes bras, tu découvrais le monde par mes yeux, tu m'obéissais, en tout, j'avais tout pouvoir sur toi et tu étais aussi mon plaisir. Or tu attendais Fred. Il faut s'incliner quand le destin nous touche. C'est l'aile d'un oiseau, en pleine nuit, qui effleure notre front. Non ; pas d'un oiseau. Comment dit Shakespeare ? *As flies to wanton boys, are we to the gods. They kill us for their sport*[1]. Nous sommes pour les dieux comme des mouches entre les doigts d'enfants espiègles. Les dieux nous tuent *for their sport,* par plaisir, par jeu... Maria, je vais dormir maintenant, ici. Tu peux en faire autant. Tu peux aussi rassembler tes robes, remplir tes valises. Tu vas avoir besoin de beaucoup d'argent, avec cet homme qui a tout manqué. Tu me feras connaître une adresse et tu y recevras beaucoup d'argent.

> *Maria s'approche pour l'embras-*
> *ser. Il la repousse avec force.*

Pierre

Non ! Qu'un baiser ne suive pas le mot argent ! Que tu ne sois pas une chienne devant une écuelle ! Que tu partes en silence... Je te remercie.

> *Elle s'éloigne lentement à droite.*
> *Il renverse la tête en arrière. Il*
> *éteint la lampe.*
> *Pénombre. Seule la pergola est*
> *restée faiblement éclairée.*

*Ici :* ENTRACTE

1. *King Lear,* IV, 1.

> *Pierre reprend un ton plus haut,*
> *avec quelque chose dans la voix*
> *et dans la diction qui rappelle un*
> *peu la lecture d'un livre saint*
> *dans un monastère :*

PIERRE

Le 8 août, certains conjurés ont été pendus, et toi tu t'étais enfui, déguisé en moine borgne. Le 8 août, au matin, ont été pendus le Feldmarschall von Witzleben, les généraux Höppner, Hase, Stieff. De ceux-là, on est sûr. N'est-ce pas ? Il y avait aussi, avec eux, quatre officiers supérieurs et parmi eux, tu ne l'as jamais su, mais peut-être, n'est-ce pas, la vraie question, oui, ton ami et ton chef Klaus Philip Schenk, comte von Stauffenberg. Il aurait aujourd'hui soixante-sept ans. Là, Stauffenberg a placé la serviette, la petite valise, l'explosif. Là, sous la lourde table de chêne, couverte de cartes. Hitler est ici. La conférence vient de commencer. Stauffenberg prie qu'on l'excuse un moment. Il doit téléphoner à Berlin. Il sort. Quelqu'un déplace la serviette, la petite valise. Qui ? Quel étourdi ? Quel maniaque de l'ordre ? Quel perfectionniste aux longues jambes ? Quel redoutable animal, trouvant cet objet mal placé, le pousse contre l'énorme pied de la table. Qui a fait ça ? Keitel ? Jodl ? Et pourquoi ? Tous debout, autour d'Hitler. En quoi cette petite valise pouvait-elle gêner l'un de ces porcs, occupés à examiner la situation sur le front de l'Est ? Ainsi la bombe, à 12 heures 42, au lieu d'exploser sous le menton d'Hitler, a-t-elle d'abord déchiqueté le pied de la table et n'a-t-elle blessé que le bras gauche d'Hitler. Pour ces quelques centimètres, quatre mille neuf cent quatre-vingt-six personnes ont été fusillées. Le 8 août, mes amis sont morts, pendus à des crochets de boucherie au moyen de cordes à piano. On a filmé cette pendaison. Le soir même, à la Chancellerie du Reich, Hitler s'est fait projeter le film. Il n'a rien dit. Il a sucé des pastilles. Il avait hurlé de rage toute la journée, attendant ce film comme une bête affamée. Il n'a rien dit.

> *On entend le moteur d'une voiture qui monte, puis s'arrête.*

Je suis sûr qu'il a souri dans sa digestion. Il n'a même pas écouté la querelle qui opposait

Goering et Ribbentrop, sur l'intéressante question de savoir si les cordes à piano tendues
par les corps morts, par les corps balancés,
poussés en riant par les soldats SS, si les cordes à piano venant à se toucher entre elles,
avaient émis, ou non, des sons, et lesquels.
Quel requiem, mes amis, avez-vous chanté
pour fournir cette querelle à Goering, à Ribbentrop ? Goering, son bâton de maréchal
levé sur la tête de Ribbentrop : « Sale petit
marchand de champagne, fermez votre foutue
gueule ! — Je suis le ministre des Affaires
étrangères *und mein Name ist von Ribbentrop !* »

> *Pierre se lève. On aperçoit l'om
> bre d'un homme venant de la
> pergola, lentement. L'ombre s'ar
> rête. Pierre s'assied et continue à
> voix basse :*

Et toi, sous ton capuchon de moine, ton bandeau de cuir noir sur l'œil gauche, tu as pris
une vieille motocyclette et tu as fui vers un
couvent. Sans réfléchir, tu avais choisi de
jouer au borgne, sans même te rendre compte
de ce que tu faisais. Et tu as roulé des centaines

de kilomètres avant de comprendre que tu avais fait cela pour ressembler à ton ami Stauffenberg, qui avait perdu l'œil gauche, mais aussi la main droite et deux doigts de la main gauche sur le front tunisien en 1941. Tu as roulé ainsi, agrippé au guidon de ta moto, comme un fou, ivre de peur et de honte. Stauffenberg n'aurait pas pu, lui, tenir un guidon avec ses trois doigts et son crochet d'acier. Toi, tu as pu et, arrivé au couvent, tu es allé tout droit à la chapelle, tu es tombé à genoux, tu as pleuré. A ce moment-là, tu as entendu l'orgue, un choral très doux que ton ami aimait tant, et tu lui as demandé pardon.

> *Début du choral, shunté après vingt-cinq secondes. Pierre la tête dans ses mains. Le jour s'est levé.*
>
> *Fred avance. C'est un homme mince d'une quarantaine d'années. Il est visiblement interloqué et doit faire effort pour demeurer là. Il pourrait aussi bien s'en aller et ne jamais revenir. Il ose enfin faire un geste, ou seulement*

*effleurer le sol du bout de ses souliers. Pierre tressaille, se retourne et se lève.*

#### PIERRE

Je ne vous avais pas entendu.

#### FRED

Je n'étais pas sûr que ce soit ici.

#### PIERRE

A votre avis, Monsieur le chef d'orchestre, si on pend des gens au bout de cordes à piano — c'est une chose qui est arrivée — et si on balance fortement les corps au point que les cordes viennent à se toucher, je vous demande là un avis technique, est-ce qu'on entend quelque chose ?

#### FRED

Je ne pense pas. Tout dépend du mouvement, du frottement, du poids des corps... On doit pouvoir entendre des sons faibles, très laids, quelque chose comme de la ferraille.

PIERRE

Vous ne dirigez jamais de ces musiques qu'on écrit aujourd'hui ?

FRED

Assez peu.

PIERRE

Vous êtes comme moi. Vous n'aimez pas les ferrailles. Je pense tout de même que les Allemands sont très musiciens, comme vous savez. Dans l'histoire que je vous raconte, un sous-officier a pris sa petite baïonnette et a raclé les cordes. J'en suis sûr. Comme cela : *Rrrra !...* Vous avez trouvé facilement ?

FRED

Les explications de Maria étaient assez embrouillées, comme d'habitude.

PIERRE

C'est-à-dire que vous aviez oublié cette habitude qu'a Maria de donner des explications embrouillées.
Asseyez-vous. Voulez-vous vous rafraîchir ? Maria s'est endormie, je pense. Vous pouvez

aller la voir tout de suite, si vous voulez. Mais je pense qu'il vaut mieux qu'elle dorme un peu.

FRED

Vous pensez qu'elle dort ?

PIERRE

Oui... Vous n'en êtes pas sûr ?

FRED

Oui, oui.

PIERRE

Je vais aller voir, si vous voulez.

FRED

Oh ! Ce n'est pas la peine.

PIERRE

Nous pouvons aussi y aller ensemble.

FRED

Oh non ! Si elle se réveille et si elle nous voit...

PIERRE

Vous voulez dire qu'elle pourrait nous trouver ridicules, tous les deux ? Vaudeville ? Vaudevillesques ? Je n'ai jamais eu peur du ridicule. Et vous ?

FRED

Moi si. Terriblement.

PIERRE

Alors, vous n'irez pas loin. Bref, nous la laissons dormir... Café ou champagne ?

FRED

Du café, volontiers.

*Pierre le sert.*

PIERRE

Il est encore chaud. Le hasard, tout de même... Statistiquement, vous aviez très peu de chances d'être sélectionné par cet ordinateur.

FRED

Je sais. Je le savais. Pourtant, j'étais sûr.

PIERRE

Vous étiez sûr. Bien. Nous, nous étions sûrs, Monsieur, de pouvoir tuer Hitler.

FRED

De tuer...

PIERRE

Oui. Le 20 juillet 1944. Cela vous dit quelque chose ?

FRED

Oui, oui...

PIERRE

Très vaguement. Je vois. Il y a trente ans aujourd'hui. Où étiez-vous, ce jour-là ? Le 20 juillet 1944 ?

FRED

Le 20 juillet ?... Je vous dirai qu'en venant ici, je ne...

PIERRE

Vous ne vous attendiez pas à ce que je vous pose une question pareille ? Moi non plus, cher Monsieur, j'improvise.

FRED

J'ai quarante ans. C'est très simple. J'avais dix ans.

PIERRE

Que faisiez-vous ?

FRED

A quelle heure ?

PIERRE

A 12 heures 42.

FRED

Je ne sais pas. Je suppose que je déjeunais avec mes parents. Ou que je pédalais sur ma bicyclette, en revenant de l'école.

PIERRE

Oui. Vous êtes parisien. C'est curieux comme les Français se moquent de leur histoire. Il n'y a pas un Allemand de votre âge qui ne se souvienne avec précision de ce qu'il pouvait faire il y a trente ans.

FRED

A 12 heures 42 ?

PIERRE

Mais oui ! De tout. A n'importe quelle heure.

De ce qu'il mangeait ou de ce qu'il ne mangeait pas, des vêtements qu'il portait, des chansons pour couvrir le bruit des bombes... Des odeurs, surtout, de toutes les odeurs. La guerre, dans nos mémoires, c'est le triomphe de l'industrie chimique allemande. Le sucre en sapin, le boudin en poussière de bouleau, la bière levée par l'urine de vache, la bouillie du carton de nos chaussures, le savon gris qui sent le cochon, le cochon qui sent la brique pilée, la brique chauffée au soleil, qui sent le charbon, le charbon qui sent la Pologne, et surtout les Allemands, partout, qui pètent, qui ne se retiennent plus, même au concert, parce que nos boules de pain chimique nous font péter jour et nuit... Alors, Frédéric, à dix ans, tu ne pétais pas, en classe ? Tu étais trop fier, trop bien élevé, pour cela, trop petit-bourgeois français, tu croyais déjà ton pays vainqueur ? Tu le savais ? Tu en étais sûr ? Tu ne vas pas me faire croire que tu croyais à Churchill, à l'Amérique, à de Gaulle ?

FRED

Non. Je ne savais rien.

PIERRE

Tu n'as aucun souvenir, de rien, d'aucune odeur. Tu as passé la guerre le nez fermé ?

> *Pierre s'est levé. Il est très agité, depuis un moment, comme s'il jouait à faire peur, et Fred a vraiment peur.*

FRED

Je me souviens des biscuits vitaminés distribués par le Secours national aux écoliers. Ils avaient un goût bizarre de pomme chaude et de muscade.

PIERRE

Voilà. C'est déjà ça. Et, dis-moi, tu n'as jamais parlé avec un Allemand, pendant toute l'occupation ?

FRED

Parlé ?... Non. Enfin, un soir, mon père m'avait emmené à Versailles, pour un concert. Alfred Cortot jouait la *Sonate funèbre* de Chopin. J'étais placé à côté d'un officier allemand, qui s'est mis à caresser ma cuisse gauche. Mon père s'en est aperçu. Nous avons changé de place. Nous avons même quitté le concert. Mon père avait très peur. Je n'ai rien compris.

PIERRE, *rire énorme.*

Ha ! Ha ! Pauvre Frédéric ! Pauvre Frédéric !... Pauvre Frédéric Chopin !...

*Un temps assez long. Enfin Fred :*

FRED

Et vous, vous dites qu'Hitler, vous l'auriez connu, en quelque sorte ?

*Fred a reculé. Il cherche quelque chose dans sa poche.*

PIERRE

Je n'ai pas dit cela. J'étais l'adjoint d'un homme qui a failli le tuer. Mais peu importe.

FRED

Mais non. Cela semble important, dans votre vie. Je comprends que vous vouliez m'en parler...

### PIERRE

Ce qui est important, c'est le hasard, parce que je n'y ai jamais cru. C'est pourquoi j'ai étudié, très jeune, toutes les sciences de la divination, pas seulement l'astrologie, mais les correspondances, les méthodes, tous les réseaux qui permettent de serrer l'homme comme une pierre dans un poing fermé. Je ne me trompe pour ainsi dire jamais. Mais je me suis trompé pour Hitler. Et pour vous.

### FRED

Je ne comprends pas.

### PIERRE

Il y a deux thèmes que j'ai particulièrement étudiés, pendant plusieurs années. Celui d'Hitler et le vôtre.

### FRED

Très flatté, Monsieur... Vous avez vraiment du temps à perdre !

### PIERRE

Je vous en prie, Fred. Je pourrais vous faire changer de ton.

FRED

Je dois vous dire que je suis armé.

PIERRE

Oui, je sais. Votre poche droite. Mais vous ne savez pas tirer.

> *Pierre, qui s'était lentement approché, fait soudain basculer Fred, se penche sur lui, prend le revolver, se relève, ôte les balles du chargeur, et jette le revolver dans le bassin.*

J'aime beaucoup les armes. A condition qu'elles soient rouillées. Relevez-vous, je vous prie. Vous êtes né le 22 juin 1934 à Neuilly, à onze heures du soir.

FRED

Mais comment savez-vous ?...

PIERRE

Maria vous souhaitait vos anniversaires, n'est-ce pas ?

FRED

Oui... Mais l'heure ?

PIERRE

Oh, écoutez... L'état civil. Les cliniques de
Neuilly. Les Français sont de très bons archi-
vistes. J'ajoute que j'ai vérifié, en écrivant à
Madame votre mère, sous le prétexte d'une
enquête sur l'élite des jeunes chefs d'orchestre
français. Elle a été flattée. Elle m'a répondu.
Onze heures du soir. Vous ne deviez jamais
arriver ici. Vous entendez ? Vous ne deviez
jamais retrouver Maria. Vous deviez mourir en
regrettant l'époque où vous étiez malheureux
avec elle, mais assez facilement consolé par
des quantités d'autres femmes. Qui vous ont
marqué ici, et aussi là, et ici...

> *Il a touché les tempes, les ailes*
> *du nez, la joue de Fred, qui reste*
> *immobile. Les deux visages sont*
> *à quelques centimètres l'un de*
> *l'autre.*

PIERRE

A onze heures du soir, Tiergartenstrasse, le
ministre Speer est en conversation avec le chef
de la Gestapo Kaltenbrunner et Skorzeny, le
sauveur de Mussolini. Ils sont sous les arbres,

au bord du trottoir. L'air est très doux. Le ministre Speer se pose des tas de questions angoissées, comme d'habitude. C'est fou ce qu'il s'est posé de questions, depuis 1931, date de son adhésion au parti national-socialiste. Quel luxe ! C'est un parfait serviteur d'Hitler, *plus* l'angoisse. Quel luxe, l'angoisse ! Et il se demande, à cet instant, si par hasard on ne va pas l'inculper de complicité dans l'affaire de l'attentat. Ou peut-être, comme quelques mois plus tard, lui demandera-t-on ce qu'on demandera au maréchal Rommel : le suicide ou le tribunal. Dans ce cas, le ministre Speer, comme Rommel, choisirait le suicide *plus* les funérailles nationales, comme Rommel. Quel luxe !...

*Silence.*

### FRED

Ils sont sous les arbres. L'air est très doux.

### PIERRE

Oui. Soudain, ils voient arriver, de la Bendletstrasse illuminée, le général Fromm, qui a revêtu son grand uniforme, et qui tremble de peur. Il dit : « La tentative de putsch a échoué. Le général Olbricht et mon propre chef d'état-major, le colonel von Stauffenberg, ne sont plus en vie. » Ceci est capital pour moi, jeune homme. Ou bien Fromm dit la vérité, ou bien mon ami et mon chef est encore vivant et ne sera exécuté que le 8 août, avec les autres. Qu'en pensez-vous ? Ne craignez rien ! Il n'y a aucune raison de craindre. Je vous aime de tout mon cœur. Je vous assure. Je vous aurais aimé de la même façon si vous aviez tiré maladroitement sur moi. Il faut que nous en finissions avec cette histoire, pendant que Maria et les autres sont endormis.

FRED

Que cherchez-vous ? Puis-je vous aider ?

PIERRE

Je cherche premièrement la raison de mon erreur en ce qui vous concerne : pourquoi êtes-vous arrivé ici ?

FRED

Les astres s'y opposaient donc ?

PIERRE

Nettement. Je vous épargne les détails techniques.

FRED

Ma liberté n'est pas une explication suffi-
sante ?

PIERRE

Non. Pas tout à fait. Deuxièmement, je me demande pourquoi, et il y a trente ans que je me
le demande, je me suis trompé pour Hitler.
Stauffenberg voulait d'abord que cela se passe
le 11 juillet à Berchtesgaden. Mes calculs
étaient positifs pour cette date. Stauffenberg
a hésité. J'affirmais que c'était là le jour idéal.
Je l'affirme encore aujourd'hui. Stauffenberg
m'a objecté que Goering et Himmler ne se-
raient pas là. Il a tout de même assisté à la
conférence, là-haut, avec sa bombe dans sa serviette. Il a hésité encore. Et il m'a dit le lendemain qu'il avait failli mettre le mouvement de
l'horlogerie en marche et que l'absence de
Goering et d'Himmler, décidément, l'avait
emporté sur mes affirmations. Le 15 juillet,
contre mon avis, cette fois, l'opération Wal-
kyrie a été déclenchée. J'étais furieux. La réu-
nion avait lieu au quartier général du Führer,
en Prusse-Orientale. Le général Olbricht a fait
marcher ses troupes deux heures avant le dé-

but de la conférence. Stauffenberg était prêt, avec sa bombe à un mètre d'Hitler qui, soudain, a quitté la salle : il a fallu arrêter le mouvement des troupes, et cela n'a pas été facile. Alors Stauffenberg est venu dans mon bureau et m'a dit, effondré : « Siegfried, qu'est-ce que tu proposes ? » J'ai dit que je ne voyais plus qu'une date possible : le 20 juillet, mais que c'était la dernière chance astrologique de tuer Hitler, en profitant de l'éclipse du Soleil sur son Pluton, conjoint à Saturne. J'ai ajouté que c'était une moins bonne date que la première, mais enfin que c'était...

FRED

Une bonne date, tout de même...

PIERRE

Oui, Fred, une formidable conjonction, tout de même. Vous auriez préféré que nous parlions d'amour, n'est-ce pas ?

FRED

Excusez-moi. Vous étiez l'astrologue des conjurés en quelque sorte ?

PIERRE

Oui.

FRED

Mais Hitler avait, lui aussi, un astrologue ?
On l'a beaucoup dit...

PIERRE

Oui, oui, il a reçu un grand nombre de cha-
peaux pointus, de gangsters mystiques. Il
avait une âme de midinette. Goebbels lui a
fait faire je ne sais combien d'horoscopes ; tra-
fiqués, tous. Goebbels l'a persuadé jusqu'au
bout, jusqu'au bunker, que le 13 avril 1945
était la date marquée par les astres pour le
grand sursaut de l'Allemagne. Et Hitler s'est
tué le 30 avril.

FRED

Vous n'êtes donc pas le seul astrologue à vous
être trompé ?

PIERRE

Mais l'astrologie d'Hitler n'est rien ! Hitler
s'est bourré d'horoscopes comme de mor-
phine ! Me direz-vous qu'aucun liquide ne

prend feu, avant d'avoir vu de vos yeux l'alcool en flammes ?

### FRED

Je crains que vous ne soyez enivré, vous-
même..

### PIERRE

Qui vous avait parlé de moi ? Qui ? Comment
saviez-vous mon nom ?

### FRED

Maria.

### PIERRE

Ah !

### FRED

Vous pensez qu'elle me suivra **?**

### PIERRE

Vous en doutez ?

### FRED

Je ne sais pas.

PIERRE

Si vous avez besoin d'un peu de temps pour
la convaincre, je peux abandonner la place,
mon cher. Vous serez ici mon hôte. J'ai un
bateau qui ne demande qu'à naviguer quelques
jours... J'irai naviguer !

FRED

Un bateau ?

PIERRE

Oui. Vous êtes jaloux. Vous aimeriez avoir
un bateau. Vous n'en aurez jamais. Vous êtes
pauvre, sans avenir, ni musical, ni social, ni
artiste maudit, ni grand commerçant de la baguette. L'entre-deux. Le rien. Pauvre Fred !
Tu veux aussi mon bateau ?

FRED

Allez chercher Maria !

PIERRE

Elle arrive. Elle est à vous. Cela vous embête,
que je sois aussi riche. J'ai sûrement déterré
le trésor des nazis. Non ? Un soir, dans quelques semaines, un samedi soir, vous serez tous

les deux dans votre misérable studio à Paris
quinzième, avec quelques-uns de vos copains,
petits aigris, ricaneurs, Maria aura fait un bon
dîner, et la vaisselle attendra. Vous vous mettrez devant votre télé et vous regarderez un
de ces films que vous aimez tant, où l'on voit
les horribles Allemands de la guerre, avec
leurs mitraillettes, ta-ta-ta-ta, et leurs grands
yeux caves. Après le film, il y aura un de
vos fameux débats historiques, avec des généraux français gâteux, un Anglais plein d'hu-
mour et un ou deux Allemands bougonneurs,
jurant qu'on ne les y reprendra plus. Cela,
vous aimez bien. L'Allemagne comme cela,
aplatie, vous aimez bien. Nous sommes pour
vous le vieil enfer du monde... Tu veux mon
bateau ? Tu préfères Maria ? Ne bouge pas !
Je te dis qu'elle va descendre toute seule. Je
l'entends. Tu n'as pas une oreille excellente.
Il est vrai que tu ne connais pas la maison.
J'ai un très remarquable bateau de douze
mètres, deux moteurs de six cylindres, un ma-
telot français, médaillé militaire, qui m'appelle « commandant ». Tu veux qu'il vienne ?
Tu veux voir un Français et un Allemand
s'embrasser ? Et s'aimer vraiment, comme

deux hommes qui ont connu ensemble quelques fameux coups de chien en Méditerranée ?

FRED

Monsieur...

PIERRE

Commandant !

FRED

Je voudrais...

PIERRE

Commandant !

FRED

Non.

PIERRE

Alors, va-t'en !

FRED

Non. Mais enfin, c'est stupide...

PIERRE

Appelle-moi « Commandant » !

FRED

Je ne peux pas.

PIERRE

Pense que j'ai eu une femme et une fille qui sont mortes ! J'ai eu Maria. Tu la prends. Depuis quatre années je ne me suis pas endormi, une seule nuit, sans me pencher sur elle. Ses cheveux, son souffle, son cœur battant, sa joue tendue vers ma bouche...

FRED

Mais taisez-vous donc !

> *Fred avançait vers Pierre. Bruit de porte. Voix de Maria appelant : « Fred ! Où es-tu ? » Fred s'arrête. Pierre sourit.*

PIERRE

Je m'amusais, mon vieux. Maria ou une autre, vous savez... Toutes les femmes dorment de la même façon. Adieu !

> *Pierre va vers la bibliothèque. Jeanne, dans la robe blanche de TV, paraît. Fred la regarde, puis*

*va vers elle. Pierre s'est retourné,
avant de sortir. Il voit Jeanne.
Brève stupeur. Puis, reprenant
son sourire :*

### PIERRE

Maria... Maria, ce garçon est charmant ! Non
seulement il t'a attendue dix ans, mais il m'a
écouté, presque toute la nuit, raconter n'importe quoi !


*NOIR*

# ACTE III

*Le soleil était monté ; mais Pierre, en sortant, a dû baisser un store. Fred et Jeanne ne se voient pas encore très bien. Fred, enfin, va vers elle et après un temps d'embarras, baise ses mains. Jeanne pose sa tête sur l'épaule de Fred, puis soudain se détourne.*

### FRED

Maria, je n'aurais pas attendu une année de plus. Je n'aurais pas pu passer une autre année sans toi. Je ne voulais pas que...

JEANNE

« Je t'appelle pour te dire que je ne t'appelle
pas... »

FRED

Comment ?

JEANNE

Rien : je te dis ce que tu m'as dit au téléphone,
la dernière fois ; tu ne te souviens pas ?

FRED

Non.

JEANNE

Tu étais à La Rochelle. Ou à l'île de Ré. Tu
m'as téléphoné. Tu m'as dit cela, exactement ;
parce que c'était fini, et que tu ne savais pas
comment le dire. « Je t'appelle pour te dire...

FRED

Que je ne t'appelle pas. » C'est vrai. Il faisait
froid. J'étais seul, dans un bistrot de La Rochelle. Je mangeais des huîtres comme si
c'étaient les dernières de ma vie. Tu es vraiment Maria ? Dis-moi ?

JEANNE

Non.

FRED

Qui es-tu ?

JEANNE

Qui veux-tu que je sois ?

FRED

Celle que j'ai si mal aimée.

JEANNE

Oh ! Et puis, n'est-ce pas, tu veux tout reprendre au commencement, nous serons les premiers amants de la terre. Et tu m'aimeras comme à nos premiers jours, lorsque tu allais faire le marché, tu achèteras n'importe quoi, de l'exotisme immangeable. Pourquoi me regardes-tu comme cela ? J'ai vraiment vieilli ?... Ton écharpe ?

FRED

Quelle écharpe ?

JEANNE

En sortant de ce bistrot, tu as perdu la grande écharpe jaune que je t'avais donnée.

FRED

Je l'ai perdue.

JEANNE, *souriant encore, mais
qui sait que le jeu est fini.*

Tu l'as donnée à une femme qui sentait l'At-
lantique ?

FRED

Assez ! assez ! Qui êtes-vous ?

JEANNE

Que voulez-vous ?

FRED

Je suis venu chercher la femme que j'aime.

JEANNE

La voici.

*Maria est apparue, dans la même
robe blanche. De là où elle était,
elle aura tout entendu, depuis le
début.*

MARIA

Pardonne-moi, Fred.

## FRED

Je suis donc tombé chez des comédiennes ?
Je suis dans un cirque allemand ? Vous êtes les
écuyères patentées, les putains d'un officier
allemand ? Maria, cela ne suffisait pas que je
vienne à toi comme un mendiant ?

## MARIA

Tu es beau. J'adore ta voix quand tu cries. Tu
as l'air bien nourri. Tu as ta tête de cheval
noir... Fred, il faut nous pardonner. Voici
Jeanne, ma meilleure amie. J'avais bien le
droit de te taquiner après tant d'années.

## FRED

Je ne te demande pas si tu t'es amusée pendant
ces mêmes années, sans moi. C'est vraiment
somptueux, *ici*. Les Allemands savent vivre,
quand ils sont en France.

## MARIA

Je trouve que tu parlais plus tendrement à
Jeanne.

## JEANNE

Je m'en vais. Au revoir, Fred.

FRED

Dites-moi, vous savez beaucoup de choses
comme cette histoire de La Rochelle ? Ou bien
était-ce un petit sketch appris pour la cir-
constance ?

JEANNE

Je ne sais rien, Fred. Je ne savais que cela. Je
l'avais appris. J'ai déjà oublié.

FRED

Vous en êtes sûre ?

JEANNE

Aussi sûre que de Maria, ici, qui vous aime
et qui me l'a dit souvent. C'est inoubliable,
mais j'ai déjà oublié.

> *Jeanne est sortie. Fred et Maria*
> *sont de part et d'autre du canapé.*
> *Fred se love sur lui-même. A*
> *l'autre bout, Maria l'imite avec*
> *une lenteur presque rituelle. Ainsi*
> *faisaient-ils ensemble, autrefois,*
> *nous le comprenons.*

**FRED**

Le vrai silence. Celui des musiciens sans musique. Je me taisais et j'étais malade de ne pas t'entendre. Comment garder le silence, avec toi. Je veux dire : le garder. Le peu que je te dis, maintenant. Le peu que tu entends pour me répondre. Le temps, nous avons le temps. Tu me donnes ton temps.

**MARIA**

Oui.

**FRED**

Je ne le prends pas. Tu me le donnes. Je te donne le mien. Nous échangeons deux souffles.

**MARIA**

J'ai fait mes valises. Enfin : une valise.

**FRED**

Tu n'es pas obligée de l'emporter.

**MARIA**

Non, bien sûr... Fred, il faudrait partir.

### FRED

Comme des voleurs ? Il faut que je t'enlève ?
Que je te reprenne à l'Allemand ? Pourquoi ?
Parce que des dangers nous menacent ? Les-
quels ? L'Allemand ?

### MARIA

Pierre a trop d'orgueil. Il ne se montrera plus.

### FRED

Veux-tu que je l'appelle ? Je n'ai pas si peur
de lui, tu sais. La preuve : il m'a demandé de
t'emmener tout de suite. Je reste. Nous restons
un peu. Quel luxe de ne pas obéir à un officier
si héroïque !

### MARIA

J'avais oublié ton rire, cette amertume ; tu n'as
toujours pas appris à rire. Fred, c'est donc toi
seul qui décides de rester ici, maintenant. Ce
n'est pas moi.

### FRED

Oui. Tu me retrouves exactement le même ;
l'indignité et un peu plus d'amertume, oui,
sont venues.

## MARIA

Tu te moquais de moi. Mais tu avais besoin d'une petite ratée près de toi, pour éloigner ton propre échec, pour briller, toi, par comparaison.

## FRED

Briller ! De quel éclat, Madame ! Je faisais mon métier, de mon mieux, avec acharnement. Je ne suis même plus acharné. Je me suis battu pour ne jouer que la musique que j'aime. Le Père Bach...

## MARIA

Beethoven. Brahms. Brückner. Bartok...

## FRED

J'ai joué. J'ai perdu. Je ne suis pas assez grand, assez célèbre, assez cabot, pas assez génial. Il faut avoir un yacht en Méditerranée, comme ton Allemand, un gouvernail en acajou, en or, pour que la gloire vous caresse. Surtout quand on est chef d'orchestre. Ma baguette pour un gouvernail !

MARIA

Fred, arrête, je t'en prie !

FRED

Je mourrai en battant mes quatre temps de la même manière, comme ils ont été battus à l'origine. Je ne ferai pas de petits moulinets intelligents avec des sons inintelligibles. Je garderai mon talent secondaire. Je le proclame. Chaque fois qu'un journaliste... secondaire veut bien m'interroger... Vous ne pouvez pas comprendre ce que c'est...

MARIA

Je ne savais pas où mettre mes bras, je ne savais pas me tenir sur la scène, je ne savais pas me servir de ma voix. Vous ne pouvez pas comprendre ce que c'est, pour une comédienne, que de se sentir jouer atrocement mal...

> *Michèle avance, sur la pointe des pieds. Comme Fred et Maria viennent de se taire, elle se montre. Fred la regarde, stupéfait.*

MICHÈLE

Je suis désolée de devoir vous dire à tous les
deux... Bonjour, Monsieur... que vous êtes
complètement fous.

MARIA

Nous n'avons pas un comportement d'adul-
tes, c'est cela ? Qu'est-ce qu'il y a, Michèle ?

FRED

Qui est cette jeune personne, Maria ?

MARIA

Notre script. Michèle.

FRED

Ah bien ! On arrive dans cette forteresse et on
ne voit que des femmes. Et c'est la Télévision
qui organise cela. Et il n'y a que des femmes ?

MARIA

Non. Il y a une équipe tout à fait normale
avec des machinistes, un metteur en scène, des
assistants.

FRED

Et où sont-ils ?

MARIA

Ils dorment. Ou bien ils sont au village.

MICHÈLE

Maria, je suis obligée de te dire que...

FRED

Et vous vivez tous au secret, comme des ingé-
nieurs atomiques, mais pourquoi ?

MARIA

Pierre a acheté cette maison il y a longtemps.
Il l'a arrangée selon son plaisir. Il y a vécu
seul. Des années de solitude heureuse, avec ces
arbres qui veillaient sur lui. Puis nous nous
sommes rencontrés. Ou plutôt, il m'a recueillie.

FRED

Un gentilhomme. Un ramasseur de femmes
abandonnées.

MICHÈLE

Et alors ? C'est déshonorant ?

FRED, à Michèle.

Mais pas du tout, ma petite, pas du tout !

MICHÈLE

Tout à l'heure, dès que vous aurez déguerpi, Pierre me recueillera. J'aurai cet honneur.

MARIA

Il te l'a promis ?

MICHÈLE

A toi, que t'avait-il promis ?

MARIA

De mourir ensemble.

FRED

Les astrologues parlent vraiment comme dans les feuilletons. Maria, qui est cet homme ?

MARIA

Je croyais que tu étais venu ici pour me submerger de questions sur moi...

MICHÈLE

Monsieur, allez-vous-en. Emmenez Maria. C'est ce que vous aviez annoncé.

FRED

Ce n'est pas un mauvais homme. Il aurait pu me casser le dos tout à l'heure, quand je songeais à tirer sur lui...

> *Fred va ramasser le revolver dans le bassin, le contemple un instant, puis le rejette dans l'eau.*

Qui est-ce ?

MICHÈLE

Il y a autant de villes où il est né que de villes où il est mort. Toutes les villes d'Allemagne sont fières de lui. Nuremberg, Weimar, Cologne, Ingolstadt.

MARIA

Il est docteur en médecine de Wittemberg. Docteur en magie de Heidelberg !

MICHÈLE

Toutes les femmes du monde sont ses servantes et sont heureuses de l'être.

MARIA

Et celles qui croient bon de l'abandonner sont maudites.

FRED

Maria, si tu as la moindre hésitation, tu sais, je ne t'en voudrai pas.

MARIA

Déjà ? Tout à l'heure tu m'appelais au secours.

MICHÈLE

Je vous dis de partir, tous les deux.

FRED, *à Michèle.*

Je sais, j'ai compris, vous voulez Pierre pour vous toute seule.

MICHÈLE

Moi, je resterai près de lui jusqu'à ce qu'il en meure, de m'aimer et d'être aimé de moi. Il mourra étranglé par le diable, il s'abattra sur le ventre et son visage se retournera du côté du dos. On verra son visage et son dos à la fois !

FRED

Cette petite est folle.

MARIA

J'ai été comme elle. Je le suis encore un peu.
Cela dépend de toi, Fred.

MICHÈLE

Ah ! Vous avez fini de vous regarder, tous les
deux ?

FRED, *à Michèle.*

Toi, achève de me dégoûter de toutes les femmes sauf d'une. Ecoute-moi, va t'occuper de
Pierre. Va lui dire que nous en avons encore
pour un instant. Maria n'allait pas quitter un
tel homme sans hésiter un peu.

MARIA

Va lui dire que nous partons. Retiens-le, je ne
veux pas le revoir.

FRED

Moi non plus, bien sûr.

MICHÈLE

Alors partez !

FRED

Qu'est-ce que tu risques ?

MICHÈLE

Qu'elle change d'avis. Je vous préviens, mon petit musicien, que si Pierre se fâche sérieusement, il vous tue.

FRED

Ecoute : un homme qui a manqué Hitler de quelques centimètres, sous une table, ou de quelques étoiles, dans le ciel, ne peut pas me manquer chez lui. S'il avait voulu m'empêcher de voir Maria, il avait la moitié de la nuit. Il a préféré me parler de choses et d'autres. Va lui dire que je l'estime, pour ce manque de réussite et de volonté. Moi aussi, je déteste vouloir, et réussir.

MICHÈLE

Maria, je te préviens que j'ai mis moi-même ta valise dans la voiture de ce monsieur. Mais enfin, qu'est-ce que cela peut vous faire ? ! Pourquoi restez-vous ici, à vous dire aussi dangereusement ce que vous pourriez vous dire en flânant sur les routes ?

FRED

Mettons que l'acoustique soit meilleure ici.

*Il applaudit, les mains en l'air.*

MICHÈLE

Eh bien, criez, alors !

*Michèle sort en haussant les épaules.*

MARIA

Elle a raison.

FRED

Je sais.

MARIA

Pourquoi, soudain, m'as-tu écrit cette lettre, d'abord, rue de Seine, sans même savoir si je la recevrais ? Et en sachant bien qu'elle ferait des tours et des détours ?

FRED

Parce que je n'avais aucun autre moyen de te rejoindre. Il fallait essayer. Une lettre, jetée n'importe où... Et pourquoi me suis-je donné tout ce mal pour entrer dans la comédie de l'ordinateur télévisé ? Comment ai-je bien pu faire ?

MARIA

Oui, comment ?

FRED

Je vais te le dire. Je vais sûrement te le dire, Maria. Et tu aimerais que je t'explique cela très longuement, avec toutes sortes de détails sur cette lettre, sur mes hésitations, sur mes enquêtes, étais-je seul, me suis-je fait aider, qui ai-je mis dans la confidence, n'est-ce pas ? Tu aimerais que maintenant je parle, je parle, et tu m'écouterais comme si nous étions seuls, chez nous, autrefois. C'est cela que tu veux. Que Pierre entre, maintenant.

MARIA

Ou plus tard.

FRED

Quand il voudra, somme toute.

MARIA

Oui.

### FRED

Et qu'il nous trouve encore ici.

### MARIA

Oui.

### FRED

Et que tu n'aies pas pris ta décision.

### MARIA

Depuis que je t'ai vu avec Jeanne, puis avec
Michèle, je t'ai vu tel que tu étais avec les
unes et les autres, autrefois, hier, tel que tu
es encore aujourd'hui, sans doute, avec cet œil
en coin sur la première qui passe, avec cet air
de te constituer des provisions de femmes, où
que tu ailles, à tout hasard... Fred, depuis dix
ans, je ne te trouve pas bien différent.

### FRED

J'ai été capable de vieillir. Je suis incertain
sur tout. Je n'ai pas assez de force pour continuer sans toi. Dis-moi ce qu'il y a de bien, en
moi, et je te croirai. Je souffle devant moi
comme dans un tonneau vide. Maria, si je
peux te paraître encore agité de quelques idées

sur d'autres femmes que toi, mes regards sont des manies, les derniers soubresauts du maniaque. Il n'y a pas si longtemps, j'étais assis sur un banc, au milieu d'une place de village, vers le creux de l'après-midi, à l'heure où il n'y a que des femmes inoccupées, et je les regardais toutes se hâter vers l'école, la pharmacie, la laverie... Je les ai regardées, les jolies et les ingrates, les idiotes, l'une, resplendissante, une seule, les besogneuses, les trop maigres, les grasses, les lourdes, les chèvres, les cuisses ouvertes, je les ai toutes recrachées de moi, j'ai mis ma tête dans mes mains, pour ne plus en voir une seule, et j'ai attendu la nuit, le moment de m'allonger seul, sur le côté droit, auprès de ton image. Je me connais enfin. Je me connais. J'ai mis le temps. Ce n'était pas bien difficile. Je me connais.

> *Maria le regarde en silence longtemps, puis vient à lui.*

**MARIA**

Alors, partons vite.

> *Ils s'étreignent.*

Viens ! Vite !... Non ! Non !

> *Pierre est entré à gauche. Il est
> en uniforme de l'armée alle-
> mande (1944). Michèle est der-
> rière lui.*
> *En même temps, mais peu à peu,
> Bernard et Jeanne seront entrés
> à droite, ainsi que Claude, venant
> du jardin. Fred a esquissé un bref
> mouvement de fuite, mais Maria
> l'a retenu par la main.*

PIERRE

Voyons ! Il ne manque personne ! Mais si !
Frank ! C'est vrai. Il dort... Excusez-moi...

> *Pierre sort, remonte vers le jar-
> din et revient presque aussitôt
> en portant Frank qui se réveille
> à peine ; et qui s'effondre sur le
> canapé en se frottant les yeux...*

Mon cher ami, cela fait un drôle de réveil,
sans doute.

FRANK

Mais...

PIERRE

Non ! Rien de grave, tout va bien.

FRANK, *montrant Fred.*

Qui est-ce ?

PIERRE

Tu vas te souvenir de lui dans un instant.
Est-ce que quelqu'un ne pourrait pas chanter
quelque chose ? Ou alors : tous en chœur ?
Non ? Vraiment pas ? (*A Fred*) Alors, chef
d'orchestre, toujours indécis ? Vous avez tort,
si on pense à vos musiciens, qui restent ainsi le
pied en l'air ! Trois ! Quatre !... Et alors ?

FRED

Il va falloir supporter encore une de vos pi-
treries ?

> *Fred a fait effort pour dire cela.*
> *Tous le contemplent, stupéfaits.*

PIERRE

Ah ! ah ! Fred a fait des progrès. Mes com-
pliments vont à Maria, naturellement.

FRED

Et vous êtes sans doute très fier de vos décora-
tions, de votre ferblanterie ?

PIERRE

Ma ferblanterie allemande est moyenne. Celle
d'un lieutenant de 1944. Je vous prie néan-
moins de remarquer ici la Légion d'honneur
qui m'a été remise par votre général Kœnig,
en 1945, à Baden-Baden, pour services excep-
tionnels rendus par un Allemand à l'armée
française. Ceci est tout de même assez rare,
mon cher. Depuis le 20 juillet 1944, j'ai servi
les Alliés et spécialement la France, de toutes
mes forces.

FRED

Vous avez trahi, alors ?... On s'en fout !

PIERRE

Tu ne comprends donc rien ?

> *Il s'est lancé sur Fred et l'a jeté
> à terre. Bernard s'interpose.*

BERNARD

Pierre ! Assez ! Comment voulez-vous qu'il comprenne ?

PIERRE

Et ceci est la *Military Cross* de l'armée anglaise. Et ça non plus ça ne se trouve sur aucune poitrine d'officier allemand, à ma connaissance.

FRED, *se relevant.*

Vous savez : les médailles, comme les planètes, ce sont des collections qui ne m'intéressent pas.

BERNARD, *à Fred.*

Monsieur, vous ne pouviez pas le savoir. Siegfried von Forestier n'est pas n'importe qui.

FRED, *à Bernard.*

Valet ! Laquais !

PIERRE, *à Maria.*

Maria, tu as décidé de suivre ce garçon ?

MARIA

Oui.

PIERRE

Bien. Alors, partez vite ! *(Doucement)* Un
moment...

FRED

C'est vous qui me retenez.

PIERRE

Oui.

MICHÈLE

Pierre, la valise de Maria est dans la voiture de cet individu.

PIERRE

Très bien. Je vous signale que Maria a gagné
une véritable fortune, avec notre petit numéro
de *Queen* et qu'elle n'y a pas touché. Tout cela
se trouve dans une excellente banque à Paris.
Cet argent vous sera sûrement utile, mon cher
Fred.

FRED

Et vous, vous vivez de quoi ?

PIERRE

Je suis généreux. Pendant les deux années,

par exemple, que j'ai passées à Paris, de 1941 à 1943, à l'état-major de Speidel, à l'hôtel Majestic, vous n'imaginez pas tout ce que j'ai pu distribuer à mes amis français, et spécialement à des artistes comme vous. Souvent plus connus que vous, à des écrivains, à des peintres... Vous avez de la chance d'aller à Paris...

### MICHÈLE

Il a quatorze Picasso !

### MARIA

Idiote !

### PIERRE

J'aime la rue Tronchet, où Frédéric Moreau attend Madame Arnoux, en février 48, et l'église Saint-Roch, sur les marches de laquelle César Birotteau a été blessé, la rue Neuve-des-Petits-Champs où Stendhal est mort, soudain, pas déshonoré du tout, au contraire... J'ai longtemps cherché un petit hôtel où Casanova a dû habiter avec une négrillonne, quelques nuits... Est-ce qu'on peut m'en vouloir d'aimer Paris où j'ai passé ma jeunesse, dans ce vieil uniforme, celui-ci ? Je vous jure que je n'ai fait que du bien aux Français, qui, de leur côté, m'ont comblé d'enseignement, de beauté. J'ai attendu avec eux la fin de notre cauchemar, et j'ai fait tout ce que j'ai pu, avec mes amis, et... Alors, Fred, mon Casanova, sa petite négrillonne, même cela, cela ne t'intéresse pas ?

## FRED

Ecoutez, il y a toujours eu des vainqueurs assez raffinés, mais vainqueurs quand même, pour détester la guerre et faire des grâces aux populations qu'ils avaient vaincues. Dans la foule des Français qui, en 1945, se précipitaient sur vos gretchen et sur vos vins blancs, il s'en est trouvé quelques-uns, sûrement, pour s'intéresser à vos poètes et à vos orgues. Et alors ?

## FRANK

C'est vrai. C'est formidable, tout ce baratin qu'on peut faire sur les champs de bataille, après les batailles. Il aurait mieux valu commencer par ne pas se battre. Pierre-Siegfried, entre nous, et puisqu'on se quitte : le coup du

20 juillet 1944, vous et vos amis, si nobles, si courageux, si purs, si antinazis, vous n'auriez pas pu le réussir ? Et même le tenter un tout petit peu plus tôt ? En 43, en 41, en 38, en 36, et pourquoi pas en 1933, hein ? *Drei und dreisich* ? Pourquoi pas ?

PIERRE

Ah ! mon cher Frank ! Faudrait-il que je vous enseigne l'histoire d'Allemagne ? Vous vous moquez tous de l'Allemagne, passée, présente et à venir, pourvu qu'elle vous laisse tranquilles et qu'elle enrichisse l'Europe. Seuls nos crimes vous intéressent. Il est vrai que nous avons attendu trop longtemps pour nous débarrasser d'Hitler. Il a fallu que Stauffenberg combatte, soit blessé, monte en grade, accède à l'Etat-Major, rencontre tous les hommes qui se cherchaient à tâtons depuis si longtemps et n'arrivaient pas à se réunir. Il y avait parmi eux des conservateurs, des radicaux, des extrémistes, des hommes de mouvement, des hommes de raison, et, déjà, des hommes qui se distribuaient les portefeuilles. Toi, tu seras à l'Intérieur, moi vice-chancelier, et lui, aux Cultes... Et puis, Himmler savait de plus en plus de choses sur chacun de nous, et attendait pour frapper. Alors, nous avons informé la Suède, l'Angleterre, la Suisse, les Américains, nous avons envoyé des amis partout, pour dire qui nous étions, ce que nous préparions. Les Suédois ont détourné la tête, les Anglais ont souri, les Américains ont ri. Les Suisses nous ont demandé si nous avions assez d'argent. Personne ne nous a crus. Personne ne nous a aimés. Je crois que nous paraissions scandaleux. Je crois qu'on nous aurait préférés nazis. Le débarquement allié en Normandie est arrivé plus tôt que prévu. Nous avons failli renoncer. Nous nous sommes vus perdus au même titre que tous les autres Allemands. A qui pourrions-nous dire que nous étions différents ? Nous avons encore attendu. Enfin, le général Henning von Tresckow a adressé ce message à Stauffenberg : « L'assassinat d'Hitler doit être tenté à tout prix... Nous devons prouver au monde et aux générations futures que les hommes de la Résistance allemande ont osé franchir le pas décisif et risquer leur vie. Rien d'autre ne compte. » Alors, nous avons agi.

FRANK

Vous vous êtes fait plaisir.

CLAUDE

Moi, je prends l'Intérieur.

FRANK

Moi, mon cher, les Cultes.

FRED

Je deviens vice-chancelier. Siegfried, veux-tu de moi comme vice-chancelier ? Regarde-moi bien. Je gagne à être vu en habit, tu sais. Pierre, es-tu le roi des astrologues ? Pierre, je peux donc tout te demander ?

BERNARD

Taisez-vous. Je sais que vous avez grand tort.

FRANK

Alors il faut le dire plus fort. Il faut même crier, si tu veux qu'on t'entende.

BERNARD, *doucement.*

Taisez-vous, je vous en prie.

### CLAUDE

Ecoute, Bernard, on plie bagage, non ? Alors,
on peut y aller, non ?

### FRANK

Vous tous, les généraux, les colonels et les
lieutenants von Quelque Chose, avec vos
belles gueules balafrées, vos polissons aux
tempes, votre sang bleu, huguenot, vous tous,
les professeurs de théologie, les avocats, les
politicards, la pacotille des démocrates, vous
tous le rebut du nazisme, ceux dont Hitler n'a
pas voulu, non seulement vous vous êtes fait
plaisir, mais vous avez aussi calculé. Si les
Américains arrivent, je dirai que je les attendais. J'ai du complot plein les poches. Ma se-
crétaire complote. Ma bonne complote. Mon
chien complote.

### CLAUDE

Oh ! *Guten Tag, Herr General Eisenhower.
How are you, Sir ? Ich bin... I am Leutnant
Siegfried von Forestier*, astrologue des comploteurs. Puis-je vous demander une petite
place dans votre admirable armée, *Herr Ge-*

*neral Eisenhower* ? Je sais faire la guerre. J'aime faire la guerre. Du galon, des étoiles, des rubans, de la poudre. Donnez-moi l'Indochine, la Corée, donnez-moi le Vietnam, *President Kennedy,* donnez le Vietnam aux comploteurs allemands. *President Kennedy, Du bist ein Berliner ? Wir sind* des guerroyeurs. La guerre, la guerre, la guerre, partout dans le monde, contre n'importe qui, dans le monde, *President Nixon,* donne-nous la guerre ! Donne-nous des Jaunes !

### FRANK

Donne-nous des Jaunes !

### CLAUDE

Des Jaunes, des nègres !

### FRANK

Des Jaunes, surtout des Jaunes !

### FRED

Ils ont raison, Pierre, et tu le sais très bien. Si ton Stauffenberg et toi et les autres, si vous aviez réussi, si vous aviez tué Hitler, le 20 juillet, en 44, en 43, ou Dieu sait quand...

PIERRE, *doucement.*

Dieu seul le sait.

FRED

Si vous aviez réussi, tu aurais achevé ta vie
en général américain à Saïgon.

JEANNE

Maria, cet homme est un salaud.

MARIA

Non.

BERNARD

Si.

PIERRE

Non. Je te pardonne, petite baguette. Je te
pardonne de la part de tous les nôtres qui sont
morts, fusillés, et dont on a aussi tué les
femmes et les enfants. De la part de ma
femme Eléonore, de ma petite fille Anne-Lise.
Je te pardonne de la part, aussi, de mon ami
Fabian von Schlabendorff.

FRANK

Von. Von. Von. Von.

### PIERRE

Qui est le seul rescapé, avec moi, de cette
tuerie, mais qui n'est pas ici pour vous pardonner.

### CLAUDE

Von. Von. Von. Von.

### MICHÈLE

Pierre, fais-les taire ! Pierre, tue-les tous !

> *Fred, comme conduisant l'orches-
> tre, Claude et Frank de part et
> d'autre.*

### FRED

Von. Von. Von. Von. Von Chrachabschraff.

### CLAUDE

Von Chrafftenchtein. Von Chrafftenchtein zu
Chrafftenchtein.

### FRANK

Von Chrafferschmidt zu Chrafferschmidt.

> *Etc... ad libitum.*

*Michèle était sortie ; elle revient aussitôt avec une mitraillette qu'elle tend à Pierre, qui la prend, la pose à terre, devant lui et met ses pieds dessus. Il se tient ainsi, les jambes écartées, comme une sentinelle désarmée.*

### PIERRE

Le 21 juillet 44, à 0 heure 30, après que les soldats de Fromm eurent fusillé le général Ol-bricht, après que le général Beck eut reçu la faveur de se suicider, ce fut le tour de Klaus Schenk von Stauffenberg. Il dit lentement : *Es lebe das heilige Deutschland,* et s'écroula sous la première salve. Il en a fallu une se-conde. Il mourut. Messieurs les Français, puis-que vous êtes tout de même français, vous me contraignez maintenant, parce que je veux vous contraindre, vous convaincre par force, vous vaincre... Par l'enchantement...

### MARIA

Pierre, ne fais pas cela.

PIERRE

Tu ne sais pas ce que je vais faire.

MARIA

Non, mais je ne le veux pas.

PIERRE

Penses-tu avoir le droit de me commander ?
Non, désormais : non.

MARIA

Ne le fais pas.

PIERRE

Au nom de qui, de quoi ? En ton nom ?

MARIA

Pour toi-même. Pour toi seul. Ne le fais pas.

PIERRE

Pour moi seul, en effet, désormais seul, je le
ferai.

*Pierre s'est approché de la table*

*des mancies et trace, avec le bam-
bou, une figure dans le sable.*

BERNARD, *dans le silence total,
une voix humble.*

Pierre, avec ta permission, est-ce qu'on pourrait tourner ?

PIERRE

Quoi donc ? Ah oui, si tu veux. J'aime bien
les Français comme Bernard, les vrais profes-
sionnels, le bon sens. Vas-y, mon vieux.

*Bernard fait signe vers la droite.
Aussitôt les machinistes entrent,
installent les projecteurs et les
rails de travelling. Les deux cameramen tournent.
Lumière vive, puis noir sur toute
la scène, et lumière sur Pierre,
seul. Le perchman place le micro
au-dessus de Pierre.*

BERNARD

Moteur.

Voix, en coulisse.

Ça tourne !

BERNARD

Quand tu voudras, Pierre.

> *Les mouvements rendus néces-*
> *saires par le tournage seront très*
> *discrets et comme symboliques.*
> *Bernard, néanmoins, aura l'air af-*
> *fairé, derrière les cameramen, et*
> *fera parfois un geste.*

MARIA

Pierre, comme je t'aimais ! Le premier soir, je te désirais, je t'aimais tant qu'il me tardait que tout soit fini.

FRED, loin, à peine entrevu.

Et le premier soir, c'était où, quand, comment, dans la rue, au bistrot, comment diable vous êtes-vous rencontrés ?

PIERRE

Il y avait un homme, originaire de Samarie, qui rencontra une femme dans un bouge. Cet homme s'appelait Simon. Cette femme s'appelait Hélène et on disait qu'elle était chanteuse, ou prostituée, mais Simon lui donna le nom de Lune et de Sagesse et il retint pour lui le Soleil et le Pouvoir. Ensemble, ils allèrent sur les routes et tous ceux qui les voyaient et les entendaient ne pouvaient s'empêcher de rire. Cet amour, entre eux, démesuré, paraissait ridicule. En même temps, Simon réussissait quelques tours de magie, mais sans se proclamer mage pour autant ; car son orgueil était plus grand et il se voulait comme Dieu. Ses tours de magie attiraient du public et nombreux étaient ceux qui auraient souhaité s'attacher à lui. Alors, Simon se sentait grandir par cette admiration, mais il préférait l'amour de cette femme, avec qui, elle et lui, ils n'étaient plus qu'un seul. Simon trouvait les hommes cruels. Comme ils se disaient tous créés par Dieu, il trouvait Dieu cruel. Alors il inventa Dieu et ne le trouva que dans le temps qui passe. Simon dit : « Nous avons peu de temps devant nous, et c'est avec le temps, le nôtre, que nous faisons Dieu et devenons Dieu, immortels si nous le voulons. »

## MARIA

La première fois que j'ai été assise près de toi, devant une table, j'étais si troublée que je ne pensais qu'à croiser mes jambes ; mais la table était un peu basse et trop lourde. Alors, voyant ma gêne, tu l'as soulevée.

## FRED

Les lourdes tables, ça te connaît, Pierre, hein ? Tu aurais mieux fait de renverser cette table sur la gueule d'Hitler !

## PIERRE

Simon dit aussi que le désir entre l'homme et la femme est pareil au feu, que le désir est premier, et que tout doit passer après lui, comme tout disparaît quand le feu est passé.

## MARIA

Puis, tu m'as dit que tu aimais ma robe bleue et verte et que tu souhaitais, quand nous nous reverrions, que je la porte encore. C'était une robe de soie, très légère. Nous nous sommes déjà perdus de vue. Plusieurs mois après, en tout cas c'était l'hiver, tu as voulu me revoir

et j'ai mis cette robe. J'avais froid. Je grelot-
tais. Tu t'en es aperçu et tu m'as dit...

### JEANNE

« Vous devriez vous habiller plus chaude-
ment. » Mais tu as reconnu, soudain, la robe
que tu avais aimée. Tu as éclaté de rire et tu
m'as ainsi reconnue.

### FRED

Ecoutez, vous allez peut-être dire que je suis
futile, mais je trouve que les seins de cette
petite Michèle sont remarquablement placés
haut. Ce n'est pas si fréquent. Il faut me croire.

### PIERRE

Simon découvrit enfin qu'il ne convient pas
d'attacher trop d'importance au désir assouvi
ou non assouvi. Ni même à la durée des
amours. Ni surtout, et c'est ainsi que Simon
causa le désordre autour de lui, à l'amour d'un
même homme pour une même femme. Il suffit que les hommes et les femmes se regardent
librement, demeurent ainsi et se quittent librement, et leurs cœurs ne doivent pas battre plus

vite. Il n'y a ni toi, ni moi. Il y a eu nous. Il y aura d'autres nous. Aucun cœur ne saigne.

### MARIA

Alors, nous avons mené une vie folle, dans Paris, comme des touristes, comme dans Rome, sans voir personne. Nous nous lavions. Nous ne dormions pas. Nous nous lavions toute la journée.

### FRED

La doublure non plus n'est pas mal. La voix est chaude. La bouche est sûrement sucrée. Un œillet, cette bouche. Jeanne, je m'adresse à votre bouche et cela ne vous fait rien ? C'est complètement sourd, une doublure ?

### MARIA

Comme si nous avions été sales de toutes les années passées l'un sans l'autre.

> *Pierre s'est agenouillé devant sa table, comme s'il lui parlait.*

### PIERRE

Vers la fin de sa vie, Simon de Samarie était poursuivi par les apôtres du Christ, et notamment par Pierre et par Jean, qui voulaient le contredire devant les foules. Les foules se donnaient à tous les prophètes, mais davantage aux apôtres du Christ. Et Simon savait bien que seul le Christ est vrai ; pourtant il aimait semer le doute. Parce que cela l'amusait. C'était sa fantaisie. Il prêchait le désordre, la désobéissance. Il disait qu'il fallait souvent changer les lois. Il prêchait aussi l'indispensable angoisse devant le temps qui s'enfuit. Il demandait à chacun de croire à tous les signes que font les étoiles et les luminaires, du ciel jusqu'aux hommes. Il adjurait les foules de refuser le temps de la terre, celui des cadrans solaires, et de préférer le temps céleste, celui de l'incertitude. Mais les foules préféraient l'ordre, se méfiaient des étoiles, et donnaient leur foi, toujours davantage, aux apôtres du Christ. Un peu plus tard, Hélène l'ayant abandonné pour épouser un marchand, Simon décida de mourir, mais de tenter, une dernière fois, les apôtres. Il les réunit et leur dit : « Ce qu'a fait le Christ n'est pas si difficile et je le ferai aussi. Vous me mettrez dans le tronc creux de cet arbre et m'y enfermerez. Vous attendrez trois jours et vous me verrez ressusciter. » Les apôtres abattirent l'arbre, Simon entra dans le tronc creux, qui fut fermé. Puis, les apôtres mirent ce cercueil en terre profonde. Enfin, ils s'assemblèrent pour attendre, etc...

FRED, *très loin, mais encore visible.*

Et alors ?

> *Pierre efface tous les signes sur le sable. Puis il se lève.*

PIERRE

... *heiliges Deutschland!* Maria. Maria.

FRED

Et alors ? Simon, dans un arbre ? Alors ? Et quoi d'autre ?

PIERRE, *chuchotant.*

Il y avait donc... Pourtant Dieu s'occupe de nous tous, avec une extrême attention. Nos cheveux, même, nos cheveux sont tous comptés, et Il sait, à tout moment, ici et maintenant, ce que nous attendons... Il sait...

FRED, *un ton plus haut dans
la vulgarité.*

Maria, tu viens ?... *My Queen !*

*Pierre regarde Maria, qui le re-
garde aussi. Long temps.*

MARIA

Oui.

*Maria va vers Fred, à pas lents.
Passant devant Jeanne, elle l'em-
brasse furtivement.
Fred et Maria sortent. Frank et
Claude les suivent. Bernard et
Jeanne s'interrogent. Pierre leur
fait signe d'aller aussi. Alors Ber-
nard :*

BERNARD

Coupez !

*L'équipe technique décroche et
disparaît aussitôt. La lumière a
baissé. Bernard et Jeanne s'ap-
prochent de Pierre, qui les embrasse. On entend une voiture
qui démarre très vite.*

Pierre, qu'est-il arrivé à ce Simon de Samarie ?

### PIERRE, *souriant.*

Tu vois bien qu'il est resté dans son arbre ; mais il avait fait illusion, et d'abord à lui-même ; ce qui n'est pas rien !

### JEANNE

Tu attendais quelque chose ? Quelque chose d'autre ? D'un autre monde ?

### PIERRE

J'attends toujours l'autre monde, quand je dessine sur le sable. Si Maria était restée, cela signifiait...

### JEANNE

Mais tu n'avais qu'à le lui demander, voyons, tu sais bien !

### PIERRE

Non. Vous êtes libres. Et voyez comme tout se tient, comme tout se répond. J'ai maintenant les preuves, les certitudes. Ma vie est résolue, mes erreurs sont claires. Mon ami Klaus n'a pu, s'étant enfui à Berlin, y demeurer jusqu'au

8 août, comme je l'ai cru. Il est bien revenu de Berlin, la nuit, désespéré. Il est bien mort le 21 juillet à 0 heure 30. Cela signifie donc que j'ai eu grand tort, moi, de fuir vers mon monastère, avec mes larmes de vieille fille. Car j'aurais dû rester près de mon ami, et payer en même temps que les autres, pour les maladresses de l'astrologie. Au lieu de passer le reste de ma vie à... Allez, allez, mes enfants. Merci.

> *Il a poussé, presque, Bernard et Jeanne, qui sortent. La lumière baisse encore. Pierre s'est laissé tomber lentement en arrière. Il est à terre.*
> *Michèle s'approche, et il caresse ses cheveux, mécaniquement.*

MICHÈLE, *récitant bêtement.*

« ... Il n'y a ni toi ni moi. Il y a eu nous. Il y aura d'autres nous. Aucun cœur ne saigne. »

PIERRE

Simon de Samarie ne donnait pas non plus la bonne nouvelle. Car mon cœur saigne quand je songe à Maria... Attends ! Attends encore !

> *Il s'est relevé d'un bond et se précipite vers la table des mancies. Il prend le bambou et trace une figure, à grand-peine.*

*Amissio ! Amissio !* Tout est donc perdu !

> *Il renverse la table. Le sable se répand. Il jette la baguette dans le bassin et revient s'étendre près de Michèle.*

MICHÈLE

Je suis là, Pierre.

PIERRE

Je sais.

MICHÈLE

Je n'ai jamais compris, au fond, pourquoi tu avais monté ce numéro avec Maria.

PIERRE

Parce que cela m'amusait. Pour faire cabotiner Maria, qui en mourait d'envie, de besoin. Et pour la dégoûter définitivement, j'espère, de toute forme de communication, discours, spectacle, exhibition, de la grande farce théâtrale, de la grande farce des uns se regardant jouer les autres et des autres se regardant jouer les uns !

### MICHÈLE

De sorte que tu n'as pas l'intention, pour moi, je veux dire, de me faire faire...

### PIERRE

Toi ! Oh ! non ! Toi, nous trouverons autre chose, ne t'inquiète pas.

### MICHÈLE

Tant mieux ! C'est l'heure !

> *Elle se lève et va vers l'écran de TV. Elle tourne un bouton. Aussitôt, gros plan de Gugusse.*

GUGUSSE, *rythme rapide,*
*un peu affolé.*

... après, donc, ce premier rendez-vous, hier soir :

> *Insert filmé, quatre ou cinq secondes, d'Antoinette hurlant :*

> « *Je m'en fous !* Queen, *donnez-*
> *moi une preuve, un signe !... »*

Puis ce second rendez-vous :

> *Insert filmé, quatre ou cinq se-*
> *condes, d'Hélène hurlant : «* Il
> *t'écoute, ô* Queen, *parle-lui ! »*

nous avons eu cet événement inimaginable, et
qu'aucun spécialiste de l'électronique ne peut
encore, à l'heure où je vous parle, expliquer :

> *Insert filmé de Fred criant :*
> *« Tu sais, je n'ai pas peur de ton*
> *Allemand et de ses tours de ma-*
> *gie. C'est un charlatan ! »*

Depuis ce matin, malgré mon insistance auprès
de Bernard Lapierre, réalisateur de *The*
*Queen*, malgré de nombreuses conversations
téléphoniques avec lui et son assistant, nous
ne sommes pas arrivés à savoir exactement ce
qui se passe à l'endroit où *The Queen*, tous
les soirs, vous attend. Il y a maintenant près de
dix-sept minutes que Bernard Lapierre m'a
téléphoné pour me dire que toute l'équipe
technique était partie avec lui, pour regagner

Paris. *The Queen,* si j'ai bien compris, aurait été enlevée par le personnage que vous avez vu hier soir sur votre écran, et qui est bien le chef d'orchestre Fred Houssiaux, très estimé à Radio-France. Il y a, autour de cette affaire, une atmosphère si étrange, que, à mon grand regret, nous sommes dans l'impossibilité de prévoir... mais en tout cas, la liaison de ce soir...

> *Michèle qui avait pris le télé-*
> *phone et composé un numéro,*
> *crie :*

#### MICHÈLE

Gugusse ! C'est moi ! Michèle ! La script ! La script de *The Queen* !

> GUGUSSE, *qui a pris le téléphone*
> *et a écouté.*

Attendez ! Oui... Je vous... Je... Il semble que la script-girl de l'équipe soit encore sur les lieux... Elle va peut-être pouvoir nous dire...

> *Sur l'image muette, stupéfaite,*
> *de Gugusse, la voix de Michèle*

> *reprend, sortant, très réverbérée,
> du récepteur de télévision :*

## MICHÈLE

Rien, Gugusse, je ne te dis rien. Je te dis que Maria *The Queen* n'était rien. Ce n'était pas elle. Vous avez tous rêvé. Moi aussi. Vous ne saurez jamais comme je suis heureuse, moi, maintenant. J'ai vingt-deux ans. Je suis...

## GUGUSSE

Je vous demande... Ecoutez-moi ! Mademoiselle !

## MICHÈLE

Tu n'as rien à me demander, Gugusse ! Je ne t'appartiens plus. Je suis dans les bras d'un homme extraordinaire. Siegfried. C'est moi qui vais vivre avec lui. Pas toi. Ni aucun des cons et des connes qui m'écoutent. C'est moi, c'est moi, c'est moi !

> *Gugusse a disparu de l'écran, remplacé par un mélange de flashes
> publicitaires tonitruants et incompréhensibles. Pierre arrache le té-*

*léphone à Michèle, après une lutte joyeuse et il jette le combiné sur l'écran, qui explose. Long rire, terrifiant, de Pierre qui se roule par terre avec Michèle de plus en plus hystérique. Ils sont enroulés dans les câbles de la télévision. Soudain, Pierre s'arrête, repousse Michèle, reste un instant silencieux, à quatre pattes, regardant au loin. Michèle ne bouge plus et interroge Pierre. A la fin, Pierre dira doucement :*

PIERRE

Maria. Pour Maria.

*NOIR*